# MÉMOIRE

SUR LA

# PHILOSOPHIE DE L'ÉDUCATION.

ORLÉANS. — IMP. COLAS-GARDIN.

# MÉMOIRE

SUR LA

# PHILOSOPHIE

DE L'ÉDUCATION

PAR M. LE BARON ROGER DE GUIMPS

Élève de Pestalozzi et ancien élève de l'École Polytechnique.

————————

## PARIS

A. DURAND, 7, RUE DES GRÈS-SORBONNE

PRÈS LE PANTHÉON.

——

1859

EXTRAIT DU COMPTE-RENDU
**De l'Académie des Sciences Morales et Politiques,**
RÉDIGÉ PAR M. CHARLES VERGÉ,
Sous la direction de M. le Secrétaire perpétuel de l'Académie.

# MÉMOIRE

SUR LA

# PHILOSOPHIE DE L'ÉDUCATION

PAR M. LE BARON ROGER DE GUIMPS [1].

## PREMIÈRE PARTIE.

RECHERCHE DE LA LOI QUI PRÉSIDE AU DÉVELOPPEMENT
DE L'HOMME.

L'enfant naît ignorant de toutes choses, faible de corps,
d'intelligence et de sens moral ; puis, peu à peu, par une
admirable évolution, sa faiblesse se change en force, son
ignorance en savoir, et il devient un homme doué de tous
les pouvoirs physiques, intellectuels et moraux qui distinguent le roi de la création. Favoriser cette évolution, la
rendre complète et salutaire, lui faire réaliser sous tous les
rapports le type de l'être créé à l'image de Dieu, telle est
la tâche générale de l'éducation.

(1) Le travail que nous soumettons au jugement de l'Académie
des sciences morales et politiques est destiné à faire connaître,
dans son principe fondamental et dans ses points les plus essentiels, une théorie de l'éducation à laquelle nous sommes parvenu
par de longues études. Pour donner une démonstration rigoureuse

Mais cette transformation est un fait naturel dans une certaine mesure inévitable et indépendant de l'éducation. Ainsi, pourvu que le nouveau-né reçoive les soins physiques nécessaires à sa conservation, pourvu qu'il vive dans la société de ses semblables, le cours des années suffira pour lui faire acquérir les pouvoirs divers qui distinguent l'homme de l'enfant, alors même qu'il serait privé du secours de toute éducation intentionnelle.

Puisque l'évolution qui change l'enfant en homme est un fait naturel et nécessaire, elle doit avoir ses causes dans la nature même du nouveau-né, dans les pouvoirs divers par lesquels il s'approprie les éléments physiques, intellectuels et moraux du milieu dans lequel il vit; elle doit avoir ses lois dans le mode d'action et d'accroissement de tous ces

et complète de cette théorie, et pour en exposer toutes les applications pratiques, nous avons dû écrire un volume entier, qui paraîtra bientôt sous ce titre : *La philosophie et la pratique de l'éducation.*

Dans le mémoire que nous présentons aujourd'hui, comme dans l'ouvrage auquel il sert d'introduction, nous donnons constamment au mot *éducation* son sens le plus général ; nous entendons par là tout ce qui contribue à augmenter les pouvoirs de l'homme pour son bonheur et pour celui de ses semblables ; ainsi pour nous l'instruction n'est qu'un des moyens de l'éducation, elle ne s'en distingue que comme la partie se distingue du tout.

Pour conserver au mot *éducation* le sens restreint que malheureusement on lui a si souvent donné parmi nous, nous aurions été obligé de désigner par un mot nouveau l'idée plus générale, plus complète, que nous nous faisons de l'ensemble de notre sujet.

Cette explication nous a paru nécessaire à l'intelligence de ce qui doit suivre ; nous avons voulu la donner avant d'entrer en matière.

pouvoirs, dans les rapports qui les unissent entre eux et qui les font concourir à l'ensemble, à l'harmonie, à l'unité de la vie individuelle. Cette évolution enfin ne saurait être autre chose que le développement des forces diverses qui existent en germe dans l'enfant, forces qui sont mises en œuvre, et nourries en quelque sorte par l'influence du monde physique, du monde intellectuel et du monde moral.

L'éducation, pour être efficace, c'est-à-dire pour favoriser ce développement dans tout ce qu'il peut avoir de salutaire, doit être conforme aux lois naturelles qui le régissent. L'étude de ces lois et leur application sont donc la base nécessaire de toute théorie scientifique de l'éducation ; et notre premier soin sera de rechercher quelles sont les lois qui président au développement de l'homme.

Pour résoudre d'une manière claire et sûre une question si complexe, il est nécessaire de commencer par en simplifier les données, en séparant dans notre pensée les trois grands ordres de phénomènes qui sont intimement unis dans la réalité, et en étudiant successivement le développement physique de l'homme, son développement intellectuel et son développement moral ; ce n'est qu'après avoir terminé cette triple étude que nous pourrons considérer notre sujet dans son ensemble, dans sa réalité, et reconnaître la loi générale que nous cherchons.

### I. — DÉVELOPPEMENT PHYSIQUE.

La naissance n'est pas le point de départ du développement physique : l'enfant a vécu dans le sein de sa mère ; il naît donc avec un tempérament plus ou moins formé, c'est-à-dire avec des dispositions physiques, soit accidentelles, soit de famille ou de race, que l'éducation doit observer afin d'en tenir compte.

Sa vie utérine était purement végétative, sous ce rapport même elle n'était pas complète parce qu'elle n'était pas indépendante ; et cependant elle lui a fait acquérir tous les organes nécessaires aux fonctions diverses qui doivent amener son complet développement.

Parmi les organes de la vie végétative, les uns ont déjà fonctionné, les autres sont tout prêts à entrer en fonctions. Dieu a voulu que ces instruments indispensables à la vie pussent servir l'homme sans aucun apprentissage et même sans le concours de son intelligence. Ainsi le nouveau-né respire au premier contact de l'air ; ainsi l'instinct lui fait trouver dans le lait maternel un aliment qui, décomposé par le travail de ses organes, assimilé à sa propre substance, porté dans toutes les parties de son corps, les fortifie, les accroît, et devient ainsi organe à son tour. Cet accroissement des organes est donc un résultat de l'exercice de leurs fonctions ; il se fait d'une manière continue et par degrés insensibles, car le microscope même ne suffit pas pour nous en faire apercevoir les éléments premiers.

Dans le sein de sa mère, l'enfant ne pouvait rien chercher et rien éviter ; sa vie de relation n'y avait aucune raison d'être. Aussi les organes de la locomotion et de la sensation, quoique déjà formés matériellement, sont-ils encore, au moment de la naissance, incapables d'aucun des services auxquels ils sont destinés. Si cette incapacité était absolue, elle serait irrémédiable ; car ce n'est que l'exercice qui développe et qui fortifie chaque organe ; et l'instinct du nouveau-né, c'est-à-dire la sagesse de Dieu, lui fait accomplir constamment des actes qui, sans aucune utilité actuelle, sont cependant la condition indispensable de ses progrès.

Ainsi, dès sa naissance, l'enfant agite ses bras si débiles, et peu à peu leurs mouvements acquièrent quelque précision et quelque énergie, et bientôt ses petites mains réussissent à saisir les objets qu'elles rencontrent. Ainsi il remue ses jambes encore incapables de le soutenir, et celles-ci grossissent et se fortifient. Ainsi ses yeux n'aperçoivent d'abord qu'une vive lumière, mais ils suivent la flamme de la bougie, ils se fixent sur tout ce qui brille, et ils apprennent insensiblement à reconnaître les formes et les couleurs. Ainsi l'enfant qui vient de naître n'entend que des bruits confus, mais il les écoute, peu à peu il en remarque les différences, et bientôt il distingue le chant de sa mère, le son de la cloche, l'aboiement du chien. C'est donc par l'exercice que chaque organe attire et fixe en lui la matière assimilée par l'appareil de la nutrition : *ubi stimulus, ibi fluxus;* c'est par l'usage que s'augmente chacun de nos pouvoirs physiques.

Privez au contraire un des membres de l'enfant de l'exercice auquel la nature l'appelle, et vous verrez ses progrès, d'abord ralentis, puis arrêtés, enfin remplacés par un véritable dépérissement. L'organe a besoin d'exercice, non-seulement pour augmenter son pouvoir, mais encore pour le conserver.

Mais les organes de notre corps ne sont point isolés; ils vivent d'une vie commune, ils sont liés par des rapports intimes qui établissent entre eux une certaine solidarité et qui font contribuer chacun d'eux aux progrès de l'organisme entier. Ainsi par exemple, l'exercice des bras favorise le développement de l'appareil respiratoire, et en général l'activité des organes locomoteurs excite celle du système nutritif.

Tout ce que l'assimilation fait gagner à l'organisme s'y classe sans en troubler l'harmonie et y devient à son tour l'instrument d'un nouveau progrès. Ainsi, grâce à l'alimentation du petit enfant, les dents se forment peu à peu dans leurs alvéoles, puis les gencives s'ouvrent et laissent paraître ces organes nouveaux dont les fonctions vont imprimer un nouvel essor au développement du corps entier. Ainsi les jambes, restées longtemps inutiles, mais sans cesse fortifiées par leurs mouvements et par la nutrition, deviennent capables de supporter le corps de l'enfant ; aussitôt elles commencent à remplir le rôle qui leur appartient et qui va rendre plus rapides leurs propres progrès comme ceux de tout l'organisme.

Nous n'avons fait qu'ébaucher, en quelques-unes de ses parties, l'histoire du développement physique de l'enfant ; et cependant on voit déjà la loi générale qui le régit :

L'enfant naît avec des organes qui, par une disposition providentielle, exercent aussitôt les fonctions dont ils sont capables ; les uns servent déjà à l'entretien de la vie, ils assimilent des corps étrangers au corps de l'enfant et pourvoient ainsi à l'accroissement de toutes ses parties ; les autres ne travaillent encore que dans l'intérêt de leur propre développement. Tous s'augmentent et se fortifient par l'exercice et en proportion de leur activité. Mais chaque organe en se développant contribue aussi au développement des autres organes et à celui du corps entier. La matière assimilée, en entrant dans l'organisme, devient organe à son tour et sert d'instrument à un développement nouveau, en sorte que tout progrès devient aussitôt cause et moyen d'un nouveau progrès. Le développement se fait par degrés insensibles ; il lie les atomes aux atomes, les tissus aux tissus, les organes aux organes, par un enchaînement continu et sans lacune. Chaque acquisition nouvelle se classe dans l'organisme préexistant, et se combine avec lui, de manière à n'en pas troubler l'unité et à faire toujours du corps un ensemble complet par rapport aux fonctions actuelles auxquelles il est destiné. Enfin le pouvoir de l'organe ne se maintient que par l'exercice ; si l'activité cesse, l'organe déchoit ; à l'état normal, il n'y a pas de temps d'arrêt, pas d'état stationnaire absolu : si l'organisme ne gagne pas, il perd ; et notre développement continue jusqu'au moment où commence notre déclin.

Telle est la loi qui préside au développement physique de l'homme, comme à celui de l'animal, comme à celui de la plante ; c'est la loi de tout développement organique. Dès longtemps reconnue par les physiologistes, elle ne saurait être contestée ; et c'est pourquoi nous avons pu nous dispenser d'en donner ici une démonstration complète. Mais elle n'a été reconnue qu'implicitement, et le rôle important qui lui appartient dans la science de l'éducation nous oblige à la formuler dans ses points les plus essentiels :

I. Le corps organisé ne s'approprie que ce qui lui a été assimilé par le travail de ses organes.

II. L'organe s'accroît et se fortifie par l'exercice, et en raison de son activité, tandis qu'il diminue et s'affaiblit dans l'inaction.

III. L'action d'un organe contribue plus ou moins au progrès des autres organes, et au développement du corps entier.

IV. Tout progrès par l'organisme devient cause et moyen d'un progrès nouveau.

V. Les progrès forment un enchaînement continu, dont les degrés sont insensibles, et qui ne comporte ni saut ni lacune.

VI. Le développement des organes n'a pas de temps d'arrêt absolu ; quand il n'y a pas progrès, il y a déchéance.

### II. — DÉVELOPPEMENT INTELLECTUEL.

La loi du développement intellectuel n'a point été reconnue comme celle du développement physique; aussi sommes-nous obligé d'exposer ici avec quelque détail l'étude qui nous en a donné la formule.

Les rapports de l'intelligence avec le corps sont pour nous un mystère impénétrable, tant est profond l'abîme qui sépare l'esprit de la matière. En vain on a cherché à le combler : la doctrine des Gall et des Spurzheim nous paraît avoir été victorieusement réfutée, et ceux-là mêmes qui ne partagent pas notre opinion à cet égard doivent convenir que la phrénologie est plus encore une hypothèse qu'une science. Ce n'est donc point par la physiologie qu'on peut étudier le développement de l'intelligence humaine, et notre seul moyen d'investigation sera l'observation et l'analyse des faits psychologiques.

Nous devons d'abord préciser le sens du mot intelligence, quant à l'étendue que nous lui donnons dans notre travail :

L'âme humaine est capable d'apprécier le vrai, le beau et le bien ; à ces trois ordres de perceptions correspondent le développement intellectuel, le développement esthétique et le développement moral.

Le développement esthétique n'est que celui du goût, faculté d'apprécier ce qui est beau. Dans sa marche et dans sa loi générale, nous le verrons bientôt, il n'est pas autre que celui d'une de nos facultés intellectuelles ; le goût se combine et coopère constamment avec l'attention, la mémoire, le jugement, etc., nous n'avons pas voulu l'en séparer dans notre étude.

Nous traiterons donc le développement esthétique comme partie du développement intellectuel, l'intelligence pour nous comprendra aussi l'appréciation du beau, et nous considèrerons le goût comme une faculté intellectuelle. Par là, sans altérer en rien les résultats auxquels nous devons parvenir, nous éviterons des répétitions inutiles, et nous rendrons notre exposition plus brève, plus simple et plus claire.

Pour saisir la loi du développement de l'intelligence, nous procèderons comme nous l'avons fait pour reconnaître la loi du développement physique : nous examinerons l'intelligence du nouveau-né, nous suivrons ses progrès successifs, nous étudierons les moyens par lesquels elle acquiert peu à peu toute sa puissance.

On distingue dans l'intelligence divers pouvoirs spéciaux qu'on nomme les facultés. Les facultés principales peuvent être subdivisées à leur tour. Il est résulté de là différentes classifications qui reconnaissent un nombre de facultés d'autant plus grand qu'on s'est livré à une analyse plus minutieuse.

Notre but n'exige pas que nous recherchions la classification la plus détaillée ; nous nous bornerons donc à l'examen des facultés principales, de celles surtout qui jouent dans l'éducation le rôle le plus important ; et nous ne nous arrêterons à l'analyse des pouvoirs intellectuels qu'autant qu'il sera nécessaire pour bien préciser le sens des termes que nous emploierons.

A sa naissance, l'enfant ignore toutes choses ; son intelligence paraît plus impuissante encore que son corps. Cependant il possède déjà des instruments à l'aide desquels il pourra acquérir les connaissances les plus variées, les pouvoirs intellectuels les plus étendus. Ces instruments sont les notions innées et les facultés.

Les notions innées sont celles de temps, d'espace, de cause et de substance ; l'expérience ne les donne pas, mais elles ne se manifestent qu'au moment où l'expérience réclame leurs concours. Nous ne les mentionnons ici que pour mémoire, car dans l'intelligence humaine on les trouve toujours prêtes à remplir le rôle qui leur est assigné.

Il n'en est pas de même des facultés ; on voit celles-ci se manifester l'une après l'autre, grandir peu à peu, et se développer d'une manière plus ou moins rapide, plus ou moins complète, selon les circonstances dans lesquelles chaque individu se trouve placé.

Le travail de l'intelligence amène deux ordres de progrès qui, quoique intimement liés, exigent pour être bien compris une exposition séparée ; c'est pourquoi nous examinerons successivement le développement des facultés et l'acquisition des connaissances.

Les premières manifestations des facultés intellectuelles de l'enfant sont provoquées par les impressions que ses sens reçoivent du monde extérieur; ainsi, dès que l'on voit ses regards se fixer sur un objet, le suivre d'un lieu à un autre, cet objet a excité son *attention*.

L'attention est la faculté d'imprimer aux forces de notre intelligence une direction déterminée, c'est-à-dire de les appliquer exclusivement à l'objet de notre choix. Cette faculté est nécessaire à l'action de toutes les autres, aussi se montre-t-elle la première dans les manifestations intellectuelles de l'enfant.

Mais bientôt on voit celui-ci reconnaître les phénomènes qui l'ont déjà frappé : il se souvient; une seconde faculté s'est éveillée presque en même temps que la première, c'est la *mémoire*. L'enfant donc a retenu quelque chose de la sensation à laquelle il avait donné son attention; mais qu'a-t-il retenu? ce n'est pas la sensation elle-même, puisqu'elle a cessé avec sa cause; c'est *l'idée* de la sensation, c'est-à-dire une sorte d'image qui lui représente la sensation passée. La mémoire est la faculté de conserver et de reproduire spontanément nos idées.

Comment la sensation produit-elle l'idée? Voilà encore un mystère. Mais nous savons tous par notre propre expérience que l'idée d'un objet matériel et des diverses impressions qu'il a produites sur nos sens, se forme en nous immédiatement, par le seul concours de l'attention et de la mémoire, c'est-à-dire par intuition. Nous nommerons *intuition des sens* celle qui nous donne des idées provenant du monde matériel, afin de la distinguer de l'intuition de l'âme dont nous aurons à parler plus tard.

Nos idées intuitives sont claires, complètes et durables; il n'en est pas toujours de même de nos idées d'objets qui n'ont jamais frappé nos sens, celles-ci ne peuvent nous être fournies qu'au moyen de définitions ou de descriptions destinées à les rattacher par comparaison à quelques idées intuitives déjà acquises ; aussi sont-elles souvent insuffisantes pour nous faire reconnaître ces objets quand ils se présentent à nous.

Mais le petit enfant ne peut d'abord apprendre que par intuition ; il faut qu'il voie, qu'il entende, qu'il touche, qu'il goûte ou qu'il flaire ; et la nature l'a admirablement instruit à faire usage de ces divers moyens d'investigation : dès qu'il s'éveille, il exerce ses sens, et avec eux son attention et sa mémoire ; bientôt il connaît tous les objets qui l'entourent, tous les sons qui frappent son oreille. Le nombre des idées qu'il peut acquérir ainsi chaque jour est vraiment merveilleux.

Le petit enfant ne regarde pas d'un œil indifférent tous les objets qui se présentent à sa vue ; une brillante parure, des fleurs aux vives couleurs, attirent aussitôt ses regards, et excitent en lui des transports de joie et d'admiration. De même il distingue les divers sons : le chant de sa mère le calme et le rend heureux. Déjà il apprécie ce qui est beau, une nouvelle faculté s'est éveillée en lui ; c'est le *goût*, don précieux du créateur, qui sans appartenir proprement ni à l'ordre intellectuel ni à l'ordre moral, participe cependant de l'un et de l'autre et les sert tous deux ; faculté bienfaisante qui, dès nos premiers pas dans la vie, nous élève audessus de l'animal en nous initiant à un genre de jouissance indépendant de toute notion d'utilité.

Mais chacune des idées données par l'intuition ne reste pas longtemps à l'état d'isolement dans l'intelligence de l'enfant. Ces idées sont liées entre elles par divers rapports que

les notions innées nous permettent d'apprécier. L'enfant rap-
porte une qualité à l'objet qui la possède, un effet à la cause
qui le produit; il remarque les différences de temps et de
lieu; il compare; il juge. Ainsi il fait acte de *jugement*, faculté par laquelle nous percevons les rapports qui existent
entre nos idées.

Dès que les idées sont liées entre elles par leurs rapports,
la mémoire acquiert une nouvelle puissance quant à leur
reproduction; car c'est à l'association des idées que nous
devons le pouvoir de les rappeler à notre pensée.

L'attention avait d'abord été excitée par la sensation; elle
n'avait pour domaine que le monde extérieur; mais peu à peu
elle se laisse moins captiver par ces impressions de tous les
instants qui souvent répétées ont perdu le charme de la nou-
veauté, elle devient plus libre de choisir le champ de son
activité, et elle en trouve un nouveau dans le trésor d'idées
confié à la mémoire. Alors l'enfant commence en quelque
sorte à se replier sur lui-même, il réfléchit. La *réflexion*
n'est autre chose que l'attention appliquée aux idées déjà
acquises; mais comme son développement peut être très-dif-
férent de celui de l'attention proprement dite, nous sommes
obligé de la considérer comme une faculté particulière. On
comprend pourquoi la réflexion se montre tard chez l'enfant, et pourquoi longtemps elle y reste faible et fugitive.

Nous avons vu que la mémoire conserve et reproduit nos
idées; mais il est une autre faculté qui a le pouvoir de nous
les représenter avec la vivacité des impressions qui avaient
accompagné leur première acquisition; c'est *l'imagination*.
L'imagination nous retrace surtout les impressions qui ont
été les plus vives sur notre ouïe ou sur notre vue, et c'est à

la supériorité dont ce dernier sens jouit à cet égard qu'est dû le nom de la faculté qui nous représente des tableaux ou des images.

Mais l'imagination fait plus que de reproduire les impressions ; elle les idéalise, en y établissant une unité qui n'existait pas dans la réalité, c'est-à-dire en écartant les idées accessoires qui faisaient diversité, et en laissant ainsi le champ libre à l'idée principale. C'est lorsque nos impressions ont été idéalisées par l'imagination, qu'elles nous paraissent plus agréables ou plus pénibles qu'elles n'étaient réellement.

L'imagination ne se borne pas à reproduire nos impressions et à les idéaliser; elle a encore le pouvoir de combiner celles-ci librement de manière à en former des représentations qui ne correspondent à aucune réalité; c'est alors qu'on l'appelle *invention*.

L'imagination joue un grand rôle chez l'enfant; on peut s'en convaincre en le suivant dans ses jeux qui sont presque toujours des fictions. Cette faculté contribue plus qu'on ne le pense à ses progrès intellectuels, car c'est à elle qu'il doit en grande partie sa curiosité, son ardeur d'investigation, sa continuelle activité.

Il nous reste à examiner une dernière faculté de notre intelligence, faculté sans laquelle la pensée humaine ne serait pas complète, ne serait pas susceptible d'être formulée par le langage : c'est *l'abstraction* (1). L'abstraction est la faculté par laquelle notre intelligence sépare, pour les con-

---

(1) Pour abréger, nous donnons à la faculté d'abstraire le nom d'abstraction, que la langue française réserve ordinairement à l'acte qui résulte de l'emploi de cette faculté.

sidérer isolément, des idées qui étaient intimement unies dans les impressions qui nous les ont données.

L'être pensant fait constamment usage de cette faculté sans en avoir la conscience, et ce n'est qu'à l'aide d'une certaine force de réflexion qu'il parvient à la reconnaître. Comme l'abstraction n'existe que dans la pensée, ce n'est que dans la pensée que nous pouvons l'étudier; mais nous ne pouvons examiner notre pensée que dans le langage qui l'exprime, qui la formule; c'est donc par l'étude du langage que nous chercherons à nous rentre compte des actes de l'abstraction. D'ailleurs, et quelle que soit l'époque à laquelle l'enfant acquière ses premières idées abstraites, nous ne pouvons les constater que lorsqu'il commence à parler.  -

Lorsqu'on a souvent fait voir à un enfant la violette, le lis, la rose, en lui disant que ces objets sont des fleurs ; s'il vient à rencontrer pour la première fois une primevère, il dira de lui-même que c'est une fleur ; il applique donc à cet objet nouveau le nom de la classe à laquelle il appartient. Mais comment a-t-il acquis l'idée générale qu'il exprime par le mot *fleur?* aucune de ses observations ne la lui a fournie telle qu'il la possède maintenant : il a vu la violette avec sa couleur, sa grandeur et ses formes spéciales; puis il a vu le lis avec une autre couleur, une autre grandeur et une autre forme; pour acquérir une idée qui convienne à la fois à toutes les fleurs, il a dû faire abstraction de la couleur, de la grandeur et de la forme particulières à chacune d'elles, pour s'en tenir aux caractères qui leur sont communs; c'est l'ensemble des caractères appartenant à la fois à la violette, au lis, à la rose, etc., qui forme pour lui l'idée générale exprimée par le nom commun *fleur.*

Cet exemple suffit pour faire voir que la faculté d'abstraction, nécessaire à la pensée et au langage, est déjà en activité dans l'intelligence de l'enfant qui commence à parler. Ainsi tous les noms communs expriment des idées abstraites, et il en est de même de tous les autres mots de la langue, à l'exception des noms propres et des interjections. Si les animaux sont privés de langage, c'est que l'abstraction est une faculté qui a été refusée à leur intelligence, aussi n'ont-ils que l'idée spéciale de chaque objet qui tombe sous leurs sens et de chaque impression qui affecte leur sensibilité; c'est pourquoi les divers cris par lesquels ils expriment leurs idées et leurs sentiments peuvent être considérés comme des noms propres et des interjections.

Nous venons de passer en revue les facultés intellectuelles; nous avons expliqué le sens des mots par lesquels nous nous proposons de les désigner; nous avons reconnu autant que possible l'ordre dans lequel on les voit entrer en scène; ces facultés sont *l'attention, la mémoire, le goût, le jugement, la réflexion, l'imagination* et *l'abstraction*. Enfin nous avons reconnu que toutes ces facultés existent dans l'intelligence du petit enfant, quoique avec des degrés de puissance bien différents.

Maintenant nous allons les voir à l'œuvre; nous les suivrons dans leurs progrès; nous observerons le secours mutuel qu'elles se prêtent; nous chercherons enfin à découvrir la loi de cette admirable évolution qui, par le concours de toutes les facultés, transforme l'incapacité intellectuelle de l'enfant en puissante intelligence, et son ignorance en savoir.

Nous avons vu que c'est la sensation qui provoque les premiers actes d'intelligence du nouveau-né; lors donc que nous suivrons celui-ci dans l'exercice progressif de ses sens, nous pourrons en même temps observer les premiers progrès de ses facultés intellectuelles.

Le petit enfant commence à regarder autour de lui, d'abord d'une manière vague et fugitive, puis avec plus d'intention et de persévérance; enfin il en vient à fixer les objets avec une ténacité qui souvent nous étonne, et qui cependant n'est pour lui que l'indispensable moyen d'en acquérir une idée nette et durable. Ainsi il a exercé en même temps son œil et son attention, et dans cet exercice le sens et la faculté se sont fortifiés, se sont perfectionnés tous deux. On peut suivre le même progrès dans la manière dont il perçoit les sons, dont il palpe les objets; toujours c'est par l'exercice qui la met en œuvre que l'attention acquiert de la puissance.

Il est plus difficile de suivre les progrès de la mémoire dans le premier âge; elle paraît toujours prête et toujours suffisante pour ce que le développement naturel de l'enfant exige d'elle. En général on ne la voit d'abord croître qu'avec l'attention et par l'attention.

Locke avait déjà remarqué la nécessité et la continuité du rôle que joue la mémoire dans la vie humaine; aussi avait-il douté que l'éducation dût chercher à la fortifier par l'exercice. Mais si l'on considère cette faculté dans les diverses sphères de son activité, c'est-à-dire comme mémoire des lieux, mémoire des mots, mémoire musicale, mémoire des rapports, etc., alors on la voit, même dans la première enfance, se développer dans le sens de l'activité particulière résultant du genre d'exercice qui lui est donné, et en proportion de cette activité, tant que celle-ci n'a pas été portée jusqu'à l'abus.

Ainsi, longtemps dans nos écoles, on n'a guère cultivé que la mémoire des mots ; mais du moins sous ce rapport le succès ne leur a manqué : toujours on a vu s'accroître par l'exercice, et l'aptitude à apprendre par cœur, et la facilité à s'approprier le vocabulaire d'une langue étrangère.

De même parmi les hommes faits, on voit la mémoire des lieux, ou la mémoire musicale, ou la mémoire des rapports, se développer d'autant plus qu'elle est plus exercée par l'étude ou par la profession qui la met en œuvre; enfin chacune d'elles est susceptible d'être portée à un degré de puissance étonnant, lorsque son exercice est lié à l'occupation principale et journalière de la vie.

Le développement du goût est beaucoup plus facile à suivre chez l'enfant, parce que cette faculté, n'ayant pas à jouer un rôle nécessaire et constant, conserve plus d'indépendance, et ne se montre que par intervalles dans des occasions que nous pouvons faire naître.

Parmi les choses qui frappent la vue, le goût de l'enfant n'apprécie d'abord que la vivacité des couleurs, plus tard leurs combinaisons, plus tard encore la forme des objets. Lorsqu'il commence à cueillir des fleurs, il amasse pêle-mêle celles dont l'éclat lui plaît; puis peu à peu il en choisit les nuances pour les rapprocher, les combiner, et obtenir une certaine harmonie dans leur effet d'ensemble. Ce développement de son goût est d'autant plus rapide que cette faculté est plus formée chez les personnes qui l'entourent, et que celles-ci sont plus disposées à l'encourager et à le diriger dans ses essais. Tel enfant à cinq ans saura faire avec art un joli bouquet, tel autre en sera incapable à douze ans.

Qu'on suive de même le développement du goût dans l'appréciation des beautés de la nature, ou de la musique, ou de la littérature, et toujours on trouvera que cette faculté s'accroît et se fortifie par l'exercice, et en proportion de l'activité qui lui est donnée.

Il serait trop long de passer ainsi en revue toutes les autres facultés au moment où elles commencent à se manifester. On voudra bien suppléer à notre silence à cet égard; on voudra bien remarquer que, chez l'enfant comme chez l'homme fait, le jugement, la réflexion, l'imagination se développent en raison du rôle que chacune de ces facultés est appelée à jouer dans l'activité de l'esprit; on voudra bien considérer les immenses différences que présente le pouvoir de l'abstraction, selon le développement du langage, et selon la nature de l'étude dominante. Alors on verra avec la dernière évidence que chacune de nos facultés ne s'accroît et ne se perfectionne que par l'exercice que nous lui donnons.

Mais dans cette activité qui est la condition même de leur développement, nos diverses facultés ne restent point isolées et indépendantes les unes des autres. Déjà nous avons vu l'attention et la mémoire concourir aux actes d'intuition qui nous font connaître le monde extérieur; voilà donc un exercice journalier dans lequel ces deux facultés sont inséparables et ne cessent de se prêter un mutuel secours. Bientôt viennent les actes du jugement, faculté qui compare les idées pour en saisir les rapports; sans attention et sans mémoire il ne saurait y avoir jugement, et cette dernière faculté, qui n'existe que grâce au concours des deux autres, participera évidemment à tous les progrès de leur développement. Mais si le jugement profite des progrès de la mémoire, la mémoire à son tour profite des progrès du jugement ; en effet le jugement nous fait connaître les rapports qui existent entre nos idées, et plus nos idées sont liées ou associées entre elles par des rapports bien compris, plus notre mémoire a de facilité à les conserver et à les reproduire.

On peut multiplier les exemples en les prenant dans l'exercice de nos autres facultés, toujours on parviendra aux mêmes conclusions, savoir : qu'il est des facultés qui concourent à former d'autres facultés, que l'exercice de chacune d'elles aide plus ou moins au développement des autres, enfin que le perfectionnement d'une faculté contribue en général au perfectionnement de l'intelligence tout entière.

Il existe cependant, dans le développement des facultés, des directions en quelque sorte opposées, et jusqu'à un certain point exclusives l'une de l'autre ; c'est-à-dire que l'exercice excessif d'une faculté peut compromettre la puissance d'une autre faculté. Il en est ainsi par exemple de l'attention et de la réflexion, facultés que nous pourrions nommer : *attention à l'extérieur* et *attention à l'intérieur*.

Nous avons vu que la réflexion de l'enfant commence au moment où son attention n'est plus sans cesse captivée par le monde extérieur. Mais il est des hommes dont l'état exige une observation presque constante des objets qui les entourent, et ne leur laisse que peu de temps pour réfléchir ; ces hommes-là pourront être fort habiles dans leur métier, mais ils n'auront pas l'habitude de replier leur pensée sur elle-même, ils jouiront d'une grande force d'attention, et leur réflexion sera sans puissance. On remarque parfois des effets contraires chez les hommes voués exclusivement à l'étude, et qui plus souvent occupés de leurs pensées que du monde sensible, trouvent dans leurs réflexions un attrait que les objets extérieurs ne sauraient balancer, de là leur distraction habituelle; c'est ici la réflexion qui s'est développée aux dépens de l'attention proprement dite. La prédominance de l'attention fait les hommes pratiques, celle de la réflexion fait les esprits spéculatifs.

Une opposition semblable existe aussi quelquefois entre le jugement et l'imagination. C'est la première de ces facultés qui est chargée de corriger les erreurs de la seconde; mais une prédominance bien marquée du jugement éteint souvent l'imagination, de même que la suprématie de l'imagination peut endormir le jugement. Un homme sera calculateur ou poète selon qu'il sera gouverné par le jugement ou par l'imagination.

Le développement complet de l'intelligence suppose donc une sorte d'équilibre entre les pouvoirs intellectuels; et cet équilibre est rompu dès que l'exercice trop prépondérant de certaines facultés donne à celles-ci un développement excessif aux dépens d'autres qui restent inactives.

Si l'on ne rencontre pas plus souvent ce défaut d'équilibre que nous venons de signaler, on le doit à la solidarité qui lie en général nos facultés dans leur exercice, et à la diversité des actes intellectuels qu'exigent les besoins ordinaires de la vie sociale; car il en résulte qu'aucune de nos facultés ne saurait rester longtemps dans l'inaction.

Mais lorsqu'une fois l'équilibre est rompu, alors le mal peut augmenter rapidement, par l'effet d'une disposition générale de notre nature qui nous fait trouver d'autant plus de plaisir dans l'exercice d'une faculté, que celle-ci est déjà plus développée et plus puissante. Ainsi l'homme à imagination se plaît à donner carrière à son imagination, et l'esprit calculateur voudrait tout soumettre au calcul. C'est pourquoi, lorsqu'une de nos facultés est trop développée par rapport à une autre, c'est précisément cette première faculté que nous sommes portés à exercer et par conséquent à fortifier sans cesse, tandis que la seconde s'affaiblit de plus en plus par notre disposition à la laisser inactive.

Ce plaisir que nous trouvons à exercer nos facultés en raison même des progrès qu'elles ont réalisés, est cependant une loi providentielle à laquelle nous devons l'heureux essor de notre intelligence, tant qu'elle n'a pas perdu son équilibre normal. Il en résulte en effet que chaque progrès intellectuel nous donne à la fois le désir et le pouvoir de réaliser un nouveau progrès, que chaque acquisition de notre intelligence devient productive à son tour.

L'homme fait, l'homme d'étude, peut s'astreindre à certains travaux en vue d'un but éloigné ; et dans ce cas il fera parfois violence à ses inclinations actuelles pour suivre le plan qu'il s'est tracé. Mais telle n'est pas la marche la plus naturelle à l'esprit humain, telle n'est pas surtout celle qu'on voit suivre à l'enfant. Dans le premier âge de la vie, un travail libre et spontané est toujours provoqué par un désir actuel ou par un besoin actuel à satisfaire, et c'est là ce qui lui donne l'énergie nécessaire au succès. Ainsi l'enfant n'exerce ses facultés qu'à raison du besoin qu'il ressent de cet exercice, et par conséquent chacun de ses actes a pour lui sa valeur actuelle. Si donc tous les progrès de l'enfant sont éminemment préparatoires, aucun d'eux ne possède exclusivement ce caractère; tous au contraire ont pour lui la valeur d'une acquisition complète et définitive, à défaut de quoi ils n'auraient pas eu leur raison d'être et ils ne se seraient pas réalisés.

Il résulte de ce qui précède que, dans le développement de l'intelligence de l'enfant, tous les actes sont tellement enchaînés, que chacun d'eux, quoique ayant une valeur absolue et complémentaire, est en même temps la raison nécessaire et le germe effectif de l'acte qui suit.

L'exercice de nos facultés intellectuelles est nécessaire, non-seulement pour les fortifier, mais encore pour les empêcher de s'affaiblir. Ainsi, notre développement intellectuel ne comporte pas de temps d'arrêt, ne peut pas rester stationnaire : s'il ne gagne pas, il perd ; s'il n'avance pas, il recule. En exerçant les forces de son esprit, l'homme peut les accroître sans cesse, jusqu'au moment où les infirmités de la vieillesse viennent mettre un terme à ses travaux et à ses progrès, et les remplacer par l'inaction et le déclin.

Nous venons d'étudier le développement des facultés, il nous reste à examiner comment s'opère l'acquisition des connaissances.

Et d'abord notre savoir n'est qu'un trésor d'idées confiées à la mémoire, qui en fidèle dépositaire nous les reproduira au besoin. Nous disions un trésor d'idées, car il est évident que notre mémoire ne peut retenir que des idées : idées d'impressions perçues par notre vue, par notre ouïe, par notre sens moral, etc.; idées générales produites par notre faculté d'abstraction; idées de rapport enfin et de raisonnement, lesquelles résultent des actes de l'esprit humain auxquels le jugement a la principale part.

Tout savoir donc suppose deux choses distinctes : d'abord la formation des idées par un travail de l'intelligence, puis leur conservation dans la mémoire.

Nous avons vu comment l'intuition nous fournit nos premières idées ; c'est déjà par un travail qui lui est propre, par une sorte d'élaboration psychologique, que notre intelligence s'assimile les données immédiates de l'expérience, et les convertit en idées intuitives. Celles-ci seront ensuite soumises à un nouveau travail par nos divers pouvoirs intellectuels.

Bientôt en effet, notre faculté d'abstraction se développe, et vient en quelque sorte analyser nos idées intuitives, pour en séparer les éléments hétérogènes, pour en réunir les éléments semblables. Ce travail produit nos idées abstraites, nos idées générales ; il est une condition indispensable de la pensée, et par conséquent de la parole qui l'exprime ; la parole à son tour devient un puissant instrument de la pensée, en la fixant par la forme déterminée qu'elle lui donne. C'est à l'abstraction que nous devons les idées de classe, de genre et d'espèce, sur lesquelles se fondent les sciences naturelles. C'est encore l'abstraction qui, en généralisant des faits dont nous avons l'expérience, nous fournit les axiomes qui sont à la base des mathématiques.

De son côté, le jugement compare toutes nos idées, soit intuitives, soit abstraites, et en apprécie les rapports ; puis il compare encore entre eux ces rapports eux-mêmes, et en déduit ce qu'on pourrait appeler des rapports du second degré. Ainsi le jugement nous fournit de nouvelles idées, des idées de rapport ou de raisonnement ; et celles-ci constituent en grande partie les sciences exactes, la philosophie, etc.

Enfin le goût et l'imagination, en joignant leur action à celles des autres facultés, nous donnent des idées d'un autre ordre dont le rôle est particulièrement important pour l'étude de la littérature et des beaux-arts.

Toutes ces idées diverses, confiées à la mémoire, constituent notre savoir. Mais pour que notre mémoire les retienne et les reproduise fidèlement, deux choses sont nécessaires : la première, c'est que chaque idée y ait été profondément gravée, soit par des impressions souvent répétées, soit par une impression très-vive et qui ait fortement excité notre attention ; la seconde, c'est que nos idées soient classées avec ordre dans notre mémoire, à l'aide des rapports que notre jugement a établis entre elles. C'est l'importance de ces rapports qui a donné lieu à la mnémonique, laquelle a le grand tort de substituer des rapports factices ou superficiels aux rapports naturels et fondamentaux qui seuls concourent à former une instruction réelle.

Quelque rapide et incomplète que soit l'esquisse qui précède, elle suffit pour montrer que tout notre savoir est un produit de nos pouvoirs intellectuels. Ainsi une vérité ne nous appartient réellement que lorsqu'elle a été en quelque sorte assimilée à notre intelligence par le travail de nos facultés.

Si nous n'acquérons des connaissances que par le travail de nos facultés, de même nos facultés ne peuvent s'exercer qu'en élaborant des connaissances. Ce sont deux œuvres qui ne se font que l'une par l'autre ; elles sont inséparables. Mais les facultés ne peuvent agir que dans les limites de leur pouvoir et de leur développement actuels ; l'acquisition des connaissances doit donc suivre la même marche que le développement des facultés.

Ainsi toute notion nouvelle, pour être acquise par l'intelligence, doit se trouver dans la sphère du pouvoir actuel des facultés, et succéder à des notions déjà acquises qui donnent à l'esprit le pouvoir et jusqu'à un certain point le besoin de se l'approprier.

De même toute connaissance nouvelle, dès que l'intelligence se l'est appropriée par le travail de ses facultés, vient nécessairement se lier aux connaissances qui l'ont précédée, et former avec elles un tout complet par rapport à l'état de développement auquel elle est parvenue.

Enfin toutes nos connaissances, pour nous appartenir réellement, doivent former un enchaînement continu et sans lacune, qui les lie les unes aux autres comme l'effet à sa cause, bien qu'ici la cause ne déploie son effet qu'à la condition du concours de diverses autres causes.

Cet enchaînement qui préside à l'acquisition des connaissances ne doit point faire considérer celles-ci comme étant rangées les unes à la suite des autres dans une file unique. En effet nos facultés ont la liberté de se combiner entre elles de plusieurs manières, de s'appliquer à divers objets, d'agir dans des directions différentes, et il en résulte pour nous divers enchaînements de notions; puis il arrive que plusieurs connaissances se combinent ensemble pour donner lieu à une connaissance nouvelle. Nous pourrions donc comparer le savoir humain à un arbre dont le tronc se ramifie de mille manières, mais dont plusieurs branches se réunissent, se soudent, et confondent leurs sèves dans une seule tige qui plus loin se subdivisera de nouveau.

De même que notre savoir ne s'est formé que par le travail de nos facultés, de même il ne se maintient qu'en restant uni à leur activité. Notre instruction ne s'arrête pas, non plus que notre intelligence, au point où une première période de notre développement l'avait portée; il faut que le travail de nos facultés continue, non-seulement pour l'accroître, mais encore pour l'empêcher de diminuer.

Nos connaissances, même les mieux acquises, ne se conservent que par l'usage. Lorsqu'elles restent longtemps sans emploi, peu à peu elles s'obscurcissent; et si elles ne s'effacent pas entièrement, elles tombent du moins à l'état de souvenirs stériles; elles ne sont plus immédiatement applicables, parce qu'elles ne participent plus à la vie actuelle de nos facultés.

C'est pourquoi notre intelligence et notre savoir se transforment continuellement, soit par le travail de nos facultés et par l'élaboration de nouvelles idées, soit par leur inaction et par la perte des idées restées sans emploi.

Maintenant nous avons étudié le développement de l'intelligence; nous pouvons reconnaître la loi qui préside à cette admirable évolution par laquelle peu à peu l'incapacité intellectuelle de l'enfant se change en puissance, et son ignorance en savoir; pour la formuler, nous n'avons qu'à résumer les résultats auxquels nous sommes parvenus :

I. L'intelligence ne s'approprie que les idées fournies par le travail des facultés.

II. Chaque faculté s'accroît et se fortifie par l'exercice, et en raison de son activité, tandis qu'elle diminue et s'affaiblit dans l'inaction.

III. L'action d'une faculté contribue plus ou moins au progrès des autres facultés, et au développement de l'intelligence entière.

IV. Tout progrès accompli, pour l'intelligence ou pour le savoir, devient cause et moyen d'un progrès nouveau.

V. Ces progrès forment un enchaînement continu, dont les degrés sont insensibles, et qui ne comporte ni saut ni lacune.

VI. Le développement de l'intelligence et du savoir n'a pas de temps d'arrêt absolu; quand il n'y a pas progrès, il y a déchéance.

Ces conclusions sont identiques à celles que nous avons tirées de l'étude de notre développement physique, avec cotte immense différence qu'ici tout est spirituel, tandis que là tout est matériel. C'est à dire que nos facultés jouent par rapport à l'intelligence, précisément le même rôle que nos organes par rapport au corps.

Certes il n'y a rien là qui puisse autoriser la moindre confusion entre l'esprit et la matière. Mais pour ne pas faire des mots nouveaux, nous sommes obligé de transporter dans l'ordre intellectuel des termes dont le sens propre était jusqu'ici réservé à l'ordre physique; et nous espérons être bien compris quand nous dirons :

De même qu'il y a un organisme physique, de même il y a un organisme intellectuel.

L'intelligence humaine est un tout organisé.

Les facultés intellectuelles sont les organes de l'intelligence.

La loi de tout développement organique préside aussi au développement de nos pouvoirs intellectuels et à l'acquisition de nos connaissances.

### III. — DÉVELOPPEMENT MORAL.

L'étude du développement moral de l'homme est plus importante encore et beaucoup plus compliquée que celle de son développement intellectuel; nous ne pourrions l'exposer, même dans la forme restreinte que nous avons adoptée jusqu'ici, sans dépasser les limites d'un mémoire. C'est pourquoi nous devons nous borner à indiquer la marche que nous avons suivie dans notre travail et les résultats auxquels nous sommes parvenu.

La vie morale en général comprend celle de tous les sentiments qui concourent à déterminer la volonté, puis celle de la volonté elle-même considérée comme un pouvoir spécial, variable dans l'intensité et dans la persistance de ses manifestations.

Les sentiments qui sollicitent la volonté proviennent de trois tendances diverses : la tendance personnelle ou l'amour de soi, la tendance sociale ou l'amour du prochain, la tendance religieuse ou l'amour de Dieu. Pour découvrir la loi du développement moral, nous devons étudier d'abord le développement de chacune de ces tendances, puis le développement de la volonté, enfin le mode de combinaison de ces divers développements dans l'âme humaine, pour former cette vie morale qui n'est que la résultante, si l'on fait abstraction de la liberté de l'homme et de la grâce de Dieu.

Les mobiles de la tendance personnelle sont : le désir d'être estimé, le désir de posséder, le désir des jouissances physiques ; lorsqu'ils ne sont pas contenus par les autres tendances dans leurs limites légitimes , ils deviennent l'orgueil, l'avarice et la sensualité , vices principaux d'où dérivent tous les autres. En étudiant leur développement et leur action dès la naissance d'un enfant , comme nous l'avons fait pour les facultés de l'intelligence, nous parvenons à une loi identique à celle qui régit le développement de l'homme physique et de l'homme intellectuel , et nous en concluons que ces mobiles jouent, dans le développement de la tendance personnelle , le même rôle que les organes physiques dans le développement du corps, le même rôle que les facultés intellectuelles dans le développement de l'intelligence.

La tendance sociale se manifeste dès le berceau ; elle apparaît d'abord dans le premier sourire par lequel l'enfant répond au sourire de sa mère. Alors sa sympathie est encore indépendante de l'expérience et du raisonnement, il l'éprouve par une intuition morale qui est la véritable base de tout développement du cœur. Peu à peu l'influence de la tendresse et des soins maternels éveille chez le petit enfant l'amour, la reconnaissance, la confiance, premier germe de la foi; puis la véracité, l'obéissance et le respect ; ces divers sentiments apparaissent d'abord comme vertus filiales, bientôt ils seront des vertus domestiques , plus tard ils deviendront des vertus sociales ; la compassion, la bienfaisance , le dévouement, la justice, le support et l'honneur viendront s'y joindre successivement. Nous avons étudié ces sentiments de la tendance sociale dès leurs premières manifestations, nous les avons suivis dans leurs progrès et dans leur action, et nous avons trouvé que leur développement est régi par cette même loi de l'organisme qui préside au développement de la tendance personnelle comme à celui de l'intelligence et à celui du corps.

La tendance religieuse se manifeste d'abord comme l'effet naturel de l'influence d'une mère pieuse. Le petit enfant donne à sa mère toute sa confiance, parce qu'elle est pour lui une providence à laquelle il attribue toute sagesse, toute bonté, toute fidélité ; cette confiance dépasse même les limites de la compréhension et de l'expérience de l'enfant ; elle est une véritable foi. Lors donc qu'une mère déclare à son enfant qu'il est un Dieu de qui elle a tout reçu, dont elle a constamment besoin, et qu'elle prie chaque jour, alors l'enfant ne pourrait douter de Dieu sans douter aussi de sa mère, et le doute lui est impossible ; et quand elle lui parlera de la révélation et du Sauveur, il croira de même au Sauveur et à la révélation.

Alors ces premiers sentiments d'amour, de reconnaissance, de foi et de respect, que l'enfant avait éprouvés pour sa mère, s'épurent et s'ennoblissent pour s'élever plus haut : ils montent jusqu'au Dieu de sa mère qui est aussi le sien ; ils deviennent l'amour de Dieu, la reconnaissance envers Dieu, la foi en Dieu, et ils constituent les éléments d'un développement religieux dont la première base est encore une intuition morale. Ainsi les facultés religieuses ne sont que des facultés sociales, s'adressant non plus à la créature mais au créateur, et relevées par l'excellence de leur objet.

En étudiant dans ses premiers éléments et dans ses progrès successifs le développement de la tendance religieuse, nous y avons trouvé la même loi de l'organisme qui préside au développement des deux autres tendances, et nous avons dû reconnaître que nos facultés religieuses sont vraiment les organes de notre développement religieux.

Enfin nous avons étudié le développement de la volonté ; nous avons vu ce pouvoir, bien faible encore chez le petit enfant contre les entraînements de la passion, se fortifier peu à peu par l'exercice et s'affaiblir dans l'inaction ; nous l'avons vu tour à tour subir l'influence des sentiments qui appartiennent aux diverses tendances et leur faire subir la sienne; nous avons reconnu en elle un véritable organe de la vie morale, organe dont la force s'accroît, soit pour le bien, soit pour le mal, selon la nature des sentiments auxquels il a été associé dans son exercice.

Examinant ensuite le développement moral de l'homme dans son ensemble, nous avons reconnu en lui un organisme complexe, auquel appartiennent comme organes les mobiles personnels, les mobiles sociaux, les mobiles religieux et la volonté.

En général, l'action des organes personnels nous pousse au mal, tandis que celle des organes sociaux et religieux nous porte au bien, secondée par la volonté elle-même lorsque dès l'enfance celle-ci a été exercée dans une direction salutaire ; le développement de notre tendance personnelle se fait aux dépens de celui de notre tendance sociale et de notre tendance religieuse ; de même les progrès de nos sentiments sociaux et religieux affaiblissent dans notre cœur les sentiments personnels.

Pour formuler la loi de notre organisme moral, nous sommes obligé de donner un même nom à tous les organes qui exercent leur influence sur notre cœur; nous les appellerons facultés morales ; nous considèrerons comme facultés morales positives celles qui nous portent au bien, et comme facultés morales négatives celles qui nous poussent au mal.

Voici donc la loi qui préside au développement moral de l'homme, telle qu'elle résulte de notre travail :

I. L'âme ne s'approprie les sentiments qui constituent la vie morale que par un acte d'intuition ou par le travail de ses propres facultés morales.

II. Chaque faculté morale s'accroît et se fortifie par l'exercice et en raison de son activité , tandis qu'elle diminue et s'affaiblit dans l'inaction.

III. L'action d'une faculté morale contribue plus ou moins, positivement ou négativement, au progrès de toutes les autres et au développement moral tout entier.

IV. Tout progrès, positif ou négatif, accompli par le développement moral , devient cause et moyen d'un progrès nouveau dans le même sens.

V. Ces progrès forment un enchaînement continu , dont les degrés sont insensibles et qui ne comporte ni saut ni lacune.

VI. Le développement moral de l'homme n'a pas de temps d'arrêt absolu ; quand il n'y a pas progrès, il y a déchéance.

La loi qui préside à notre développement moral en général, est donc cette même loi de l'organisme, qui régit notre développement physique et notre développement intellectuel.

### IV. — DÉVELOPPEMENT GÉNÉRAL DE L'HOMME.

Nous avons vu qu'une même loi préside au développement de l'homme physique , de l'homme intellectuel et de l'homme moral , bien que ces trois ordres de faits soient de nature tellement différente qu'ils semblent séparés par des

abîmes, bien que nous puissions dire avec Pascal : « De
« tous les corps ensemble on ne sçaurait tirer la moindre
« pensée : cela est impossible et d'un autre ordre. Tous les
« corps et les esprits ensemble ne sçauraient produire un
« mouvement de vraye charité : cela est impossible et d'un
« autre ordre tout surnaturel. »

Cette nature absolument différente, qui distingue notre
corps, notre esprit et notre cœur, semblerait impliquer
l'existence en nous de trois développements tout à fait in-
dépendants l'un de l'autre. Et cependant il n'en est rien :
nos organes matériels, nos pensées, nos sentiments, exercent les uns sur les autres une influence mystérieuse il est
vrai, mais incontestable, et que nous pourrions prouver par
l'expérience journalière de chacun de nous, si une semblable démonstration ne nous paraissait ici superflue.

Ainsi le rôle de nos organes physiques n'est point borné
à notre développement physique, il s'étend encore à notre
développement intellectuel et à notre développement moral ;
ainsi nos organes intellectuels contribuent aussi à notre vie
physique et à notre vie morale ; ainsi nos organes moraux
concourent pour leur part à notre développement physique
et à notre développement intellectuel.

Les trois organismes qui constituent la nature humaine,
loin d'être entre eux dans un état d'indépendance et d'isolement, ne sont donc que des organes composés qui, unis
dans une action commune, forment l'organisme général de
l'homme.

De même que dans l'ordre physique, nous avons vu un
organisme de la nutrition, un organisme de la locomotion,
un organisme de la sensation, concourir à former l'organisme

général du corps de l'homme; de même que dans l'ordre moral nous avons vu les organismes de nos trois tendances, se combiner pour former l'organisme moral; de même nous voyons notre organisme physique, notre organisme intellectuel et notre organisme moral se réunir pour former un organisme unique, l'organisme humain.

Le développement de l'homme, considéré dans son ensemble, est donc régi par cette même loi qui préside à chacun des développements partiels qui le compose, par la loi de tout organisme.

Mais il ne faut pas oublier que dans un organisme composé, l'action de chaque organe ne s'exerce pas uniformément sur tout l'ensemble; elle est plus directe et plus puissante sur l'organisme spécial auquel l'organe appartient, elle est plus indirecte, plus faible, quelquefois d'un effet inverse sur les autres parties de l'organisme général.

Nous avons montré que la loi de l'organisme préside au développement général de l'homme comme à celui de toutes ses parties; nous avons formulé cette loi. Il nous reste maintenant à faire voir comment elle est la base scientifique de l'éducation, comment elle en fixe la théorie, comment elle en dirige la pratique.

# DEUXIÈME PARTIE.

## LA LOI DU DÉVELOPPEMENT DE L'HOMME APPLIQUÉE A LA SCIENCE DE L'ÉDUCATION.

Obligé de parcourir rapidement un champ très-vaste, nous ne pourrons nous arrêter pour citer les auteurs dont nous rencontrerons la pensée, et pour faire voir comment l'erreur a souvent été mêlée à la vérité dans leurs travaux. On reconnaîtra sans doute dans notre exposition les idées des hommes éminents qui se sont occupés d'éducation, et particulièrement celle de Montaigne, de Coménius, de Locke, de Rousseau, de Condillac, de Pestalozzi ; mais le principe fondamental qui nous guide nous montre ces idées sous un nouveau jour ; il nous permet de les compléter, de les circonscrire chacune dans la sphère qui lui appartient légitimement, et de les coordonner dans une science unique qui résume tout ce qu'elles renfermaient de vérité.

En étudiant le développement de l'homme, nous l'avons trouvé régi par la loi de l'organisme, dont voici la formule :

I. L'organisme ne s'approprie que ce qui lui a été assimilé par un travail de ses organes.

II. L'organe s'accroît et se fortifie par l'exercice et en raison de son activité, tandis qu'il diminue et s'affaiblit dans l'inaction.

III. L'action d'un organe contribue plus ou moins au progrès des autres organes et au développement de l'organisme entier.

IV. Tout progrès accompli par l'organisme devient cause et moyen d'un progrès nouveau.

V. Ces progrès sont un enchaînement continu, dont les degrés sont insensibles, et qui ne comporte ni saut ni lacune.

VI. Le développement de l'organisme n'a pas de temps d'arrêt absolu ; quand il n'y a pas progrès, il y a déchéance.

Nous devons reconnaître qu'il y a quelque chose d'arbitraire dans le nombre et dans le choix de ces articles. Il serait possible de les réduire à trois ou quatre ; il serait plus facile encore de les multiplier. Nous nous sommes arrêté à ceux qui nous paraissaient les plus propres à donner en peu de lignes une idée juste de cette loi, et à fournir à l'éducation ses règles générales les plus importantes. Mais l'organisme est un fait si bien lié dans toutes ses parties, si simple malgré son apparente complication, qu'une fois bien compris il se résume pour nous dans une idée unique, dont toutes les conséquences se présentent à notre esprit avec une complète évidence. On pourra donc, s'il le faut, appliquer à l'éducation la loi de l'organisme, même dans telle de ses conséquences que nous n'avons point encore formulée.

Examinons successivement les divers articles de cette loi, et nous les verrons fournir à la science de l'éducation ses principes fondamentaux.

### I. — L'ORGANISME NE S'APPROPRIE QUE CE QUI LUI A ÉTÉ ASSIMILÉ PAR LE TRAVAIL DE SES ORGANES.

Ce principe régit l'organisme intellectuel et l'organisme moral aussi bien que l'organisme physique ; il nous apprend qu'un travail d'assimilation est nécessaire aux progrès de notre esprit et de notre cœur, comme à ceux de notre corps.

En effet, l'homme ne possède réellement que ce qui fait partie de son organisme, et l'organisme ne s'accroît que par le travail de ses organes; tout ce que l'homme a acquis depuis sa naissance est donc le fruit de son propre travail. En vain un autre voudrait travailler seul à votre développement : votre corps ne se fortifie que par les aliments qu'il a lui-même digérés, votre esprit ne s'étend que par les idées qu'ont saisies vos propres facultés, votre cœur ne s'ennoblit que par les sentiments qu'il a lui-même éprouvés. C'est ce qui fait dire à Montaigne : « Quand bien même nous pourrions « être sçavants du sçavoir d'auttruy, au moins saiges ne « pouvons-nous être que de notre propre sagesse. » De même donc qu'il faut un travail de nos organes digestifs pour nous nourrir, de même il faut un travail de nos facultés intellectuelles pour nous éclairer, et un travail de nos facultés morales pour nous moraliser.

Est-ce à dire cependant que nous devions tout produire de notre propre fonds, et que le monde extérieur ne puisse rien pour notre développement? Non, car le monde extérieur peut fournir des aliments soit au développement de notre corps, soit à celui de notre esprit et de notre cœur; mais il faut que ces aliments nous soient assimilés par le travail de nos organes.

Pour le corps, l'enfant a d'abord l'instinct qui lui fait saisir le sein maternel, puis le goût qui lui fait distinguer les substances alimentaires, et toujours un appareil de nutrition en rapport avec les besoins de son âge, appareil qui prépare la nourriture, qui la décompose, et qui en

sépare les parties assimilables pour les porter dans l'organisme.

Pour l'intelligence, l'enfant a d'abord l'intuition des sens,
laquelle, grâce au concours de son attention et de sa mémoire, lui fait acquérir ses premières idées sur le monde
matériel; puis il a le jugement, l'abstraction, les notions
innées, qui lui font découvrir des rapports entre ses idées
intuitives, et qui lui fournissent des idées générales. Lorsque enfin l'instruction lui est donnée par la parole ou par la
lecture, que se passe-t-il en lui? les sons que perçoit son
oreille, les caractères qui frappent ses yeux, ne représentent
qu'une suite de mots; et si ces mots n'éveillent pas des idées
dans son esprit, et si son jugement ne saisit pas les rapports
qui unissent ces idées, ces mots ne lui apprennent rien.
Pour qu'ils apportent réellement dans son intelligence une
idée nouvelle, il faut que celle-ci soit élaborée par le propre
travail des facultés de l'enfant, il faut que son esprit suive
et s'approprie toute la chaîne d'inductions et de raisonne-
ments qui a servi a établir la vérité qu'il doit acquérir. Et
c'est là un travail d'assimilation exécuté par les pouvoirs
intellectuels, tout aussi réel que celui des organes physiques
pour la nutrition.

Pour le cœur, l'enfant a d'abord l'intuition morale, qui lui
fait connaître les sentiments moraux, parce qu'elle les lui
fait éprouver par une expérience que rien ne peut remplacer. Ces sentiments sont pour lui les facultés, les organes
de son développement moral ultérieur. Toute influence ex-
térieure, pour le porter au bien, doit agir sur son cœur en
y éveillant les facultés morales et en les mettant en activité.
En vain on lui ferait tout un cours de morale, en vain on

lui prouverait qu'il faut être juste, généreux, compatissant ;
il n'aura pas fait le moindre progrès dans ces vertus, tant
que la justice , la générosité, la compassion, n'auront pas
agi dans son cœur pour l'améliorer. Quand les discours
produisent d'heureux effets sur notre conduite, c'est parce
qu'ils excitent des facultés morales déjà développées à
quelque degré dans notre cœur ; mais les exemples de vertu,
les faits, la pratique, exercent sur nous une influence bien
plus assurée , bien plus puissante, parce qu'ils tendent à
nous rendre acteurs dans le drame de la vie, et à mettre
ainsi en jeu nos propres sentiments. Lorsque la vue d'un
bel acte de dévouement nous fait prendre une ferme réso-
lution de l'imiter, alors la vertu d'un autre a contribué à
notre développement moral ; mais c'est parce que nous nous
la sommes appropriée par un travail de nos facultés morales, qui seules pouvaient en être touchées, et qui seules
pouvaient agir pour le perfectionnement de notre cœur.
C'est donc encore à un travail de nos organes, à un travail
d'assimilation , que nous devons les progrès de notre vie
morale comme ceux de notre vie intellectuelle et de notre
vie physique.

C'est pour avoir méconnu cette vérité , que l'éducation
s'est trouvée impuissante, tant qu'elle a voulu, sans partici-
pation active de l'enfant, infuser en quelque sorte le savoir
dans sa tête et la morale dans son cœur.

Montaigne avait reconnu la nécessité d'un travail d'assimilation des idées, mais il n'a pas montré comment ce
travail peut-être provoqué et assuré par la méthode d'enseignement. Ce dernier service nous a été rendu par Pestalozzi
pour plusieurs branches des études élémentaires ; et si ces

essais ont laissé à cet égard de regrettables lacunes, le phi-
lanthrope suisse nous paraît cependant avoir reconnu dans
toute sa généralité le principe qui nous occupe, en disant :
« Pourquoi les expériences des pères sont-elles toujours
« perdues pour les enfants, sinon parce qu'il est nécessaire
« que tous les hommes suivent la même marche de dévelop-
« pement, et parce que toute vérité, toute sagesse, pour
« vivre en eux et pour les guider, doit naître directement
« de leur propre intuition et de leur propre activité? »

II. — L'ORGANE S'ACCROIT ET SE FORTIFIE PAR L'EXERCICE ET EN
RAISON DE SON ACTIVITÉ, TANDIS QU'IL DIMINUE ET S'AFFAIBLIT
DANS L'INACTION.

Cette vérité, que nous avons reconnue dans la nature intellectuelle et morale de l'homme comme dans sa nature
physique, fournit à l'éducation son seul moyen direct et efficace de développer tous les pouvoirs de l'enfant, de main-
tenir entre eux cette sorte d'équilibre nécessaire à l'harmonie d'un organisme complet, et de rétablir cet équilibre
lorsqu'il est rompu.

Dans l'ordre physique, on ne pouvait guère la méconnaître : l'exercice est le moyen de la nature pour développer
dès la naissance les membres de l'enfant; c'est celui de la
gymnastique pour fortifier les muscles ; c'est celui des
apprentissages spéciaux pour augmenter certains genres
d'adresse et quelquefois le pouvoir des sens. Et cependant,
l'importance, la nécessité de ce moyen semble avoir été
méconnue dans certaines pratiques qui intéressent l'éducation physique de l'homme. C'est ainsi que souvent les or-
thopédistes ont cru devoir lier, soutenir ou comprimer

les parties faibles, au lieu de les mettre en activité ; c'était les traiter comme l'arbre qu'on lie à un espalier : quand plus tard on le délivre de ses liens, ses branches affaiblies tombent vers la terre, tandis qu'elles s'élèveraient vers le ciel si elles étaient restées libres. L'heureux développement de notre corps ne peut résulter que de l'exercice de tous ses organes ; mais ceux-ci présentent parfois de grandes différences dans leur énergie, et c'est à ces différences qu'est dû le défaut d'équilibre qui vient alors troubler l'économie physique de l'homme. Dans ce cas, ce sont les organes les plus faibles qui doivent être exercés avec le plus de soin et de persévérance.

Il en est de même de l'intelligence ; ses progrès ne résultent que de l'exercice de ses facultés ; l'éducation doit s'efforcer d'exercer chacune d'elles, en mettant surtout en œuvre celles qui paraissent manquer d'énergie. Pestalozzi avait dit : « La nature développe toutes les forces de l'hu- « manité par l'exercice, et c'est de leur usage que vient « leur accroissement. » Il est resté fidèle à son idée, et constamment il s'est appliqué à exercer les facultés intellectuelles de ses élèves. Ses critiques ont cru voir dans le temps consacré à cet exercice la cause de certaines lacunes que présentait l'instruction acquise dans les instituts de Berthoud et d'Yverdun. Nous pensons que c'est une erreur : les facultés ne s'exercent qu'en s'appliquant à quelque chose, et il en résulte nécessairement de l'instruction ; tout dépend donc du choix des exercices. Dans les connaissances générales élémentaires, on peut trouver de l'exercice pour toutes les facultés ; ainsi il est toujours possible de n'en laisser aucune inactive. Mais tout en dirigeant le travail de

l'enfant en vue de cette œuvre essentielle du développement
des facultés intellectuelles, il est nécessaire de ne pas dé-
vier du but qu'on doit atteindre quant à l'instruction posi-
tive dont il faut le doter. On choisira donc les objets de
chaque exercice, de manière à faire acquérir à l'élève les
connaissances dont il a besoin.

C'est encore par l'exercice seul que se développent nos
facultés morales. Si donc vous voulez perfectionner le cœur
de votre élève, comptez peu sur vos sermons, mais exercez-
le à toutes les vertus que vous voulez développer en lui,
et surtout à celles qui paraissent le plus lui manquer. Comment, dira-t-on, est-il possible d'exercer l'enfant à la vertu,
surtout à celle qu'il n'a pas? Peut-on commander à volonté
un exercice moral, comme on décide une leçon d'arithmé-
tique ou de gymnastique? On conçoit la mise en activité
des organes de notre corps et des facultés de notre intelligence; mais nous ne pouvons pas nous-mêmes commander
aux sentiments de notre cœur, comment obéiraient-ils aux
ordres de l'éducateur? Nous croyons avoir présenté l'objec-
tion dans toute sa force; il est d'autant plus important de
la discuter, que si malheureusement elle était fondée, il ne
nous resterait aucun moyen direct d'éducation morale (1).
L'article suivant de la loi organique que nous avons formulée, nous donnera les moyens de résoudre cette importante
question.

(1) L'exemple, l'habitude, la discipline et l'instruction sont, il est
vrai, pour l'éducation morale, des moyens puissants et indispensables, mais seulement des moyens indirects, dont l'emploi peut-
être très-dangereux, s'il n'est accompagné de l'exercice direct des
bons sentiments.

III. — L'ACTION D'UN ORGANE CONTRIBUE PLUS OU MOINS AU PROGRÈS DES AUTRES ORGANES ET AU DÉVELOPPEMENT DE L'ORGANISME ENTIER.

Cette solidarité qui, dans une certaine mesure, unit entre elles toutes les parties de notre organisme, donne à l'éducation le pouvoir d'associer toujours à l'activité de l'enfant l'exercice des sentiments moraux.

En effet, nos forces physiques, nos forces intellectuelles et nos forces morales sont tellement liées dans notre organisme général qu'elles concourent à tous les actes de notre vie (1). De même qu'il n'est pas une seule de nos actions pour laquelle notre intelligence n'ait pas dirigé nos pouvoirs physiques, de même il n'en est pas une à laquelle n'ait point contribué notre volonté, déterminée par quelque désir ou par quelque sentiment appartenant à notre nature morale. Nous sommes portés aux exercices même qui paraissent n'intéresser que notre corps ou notre intelligence, tantôt par amour du plaisir, tantôt par respect humain ou par orgueil, tantôt par amour du prochain, par obéissance à nos supérieurs, etc. ; toujours il y a en nous un mobile moral, bon ou mauvais, qui nous détermine à agir ou à nous abstenir. Ce mobile devient d'autant plus puissant dans notre cœur qu'il y agit plus souvent en maître. S'il arrive qu'un même sentiment détermine notre conduite vingt fois le jour, l'habitude de lui obéir nous rendra son esclave, et selon la nature de ce sentiment, ce sera un vice ou une vertu qui dominera notre caractère.

(1) Nous faisons ici abstraction des fonctions purement végétatives.

Dans la première enfance, le caractère n'est pas encore formé ; les sentiments bons et mauvais se disputent la direction de la vie ; les divers mobiles viennent tour à tour déterminer les actes divers, et il est possible de reconnaître quels sont ceux qui par une action plus fréquente tendent à acquérir le plus de puissance.

Le devoir des parents est alors de régler la vie de leur enfant de manière à multiplier pour les bons sentiments, et à écarter pour les mauvais les occasions dans lesquelles ils sont le mobile de sa conduite. Ainsi, par exemple, favorisez le retour des actes auxquels le porte un sentiment de bienveillance ; et ne lui demandez plus de faire ce que vous voyez qu'il fait par orgueil.

Voilà comment on peut, dès la première enfance, d'une part, exercer les bons sentiments et leur faire acquérir la force et l'activité nécessaires pour bien régler le cours de la vie ; de l'autre contenir dans l'inaction les dispositions vicieuses et les empêcher de dominer la volonté. C'est là notre seul moyen direct de culture morale, parce que l'exercice est le seul moyen de développement des organes, quelle que soit leur nature. Si donc nous voulons moraliser un enfant, nous ne devons permettre, ou du moins approuver et favoriser en lui que les actes dont le mobile est une vertu.

Mais pour observer fidèlement cette règle, il faudrait adopter, quant au développement du corps, à celui de l'intelligence et à celui du cœur, l'ordre de subordination qui appartient réellement à ces trois parties de l'éducation, et qui manque en général dans la pratique des parents et des instituteurs.

*d*

On reconnaît bien sans doute, et l'importance du développement moral et le prix d'une bonne santé. Et cependant, pour le cœur on se fie beaucoup à un bon naturel, à de salutaires conseils et à l'influence d'une vie commune bien ordonnée; de même que pour le corps on se repose sur un bon tempérament et sur des habitudes hygiéniques convenables; dans l'un et l'autre cas, on laisse agir la nature.

L'éducation intellectuelle, ou plutôt l'instruction, est la seule partie de l'œuvre éducative pour laquelle on ne se fie qu'à soi et à ses efforts. On veut qu'un enfant soit instruit, qu'il se distingue dans telle école, qu'il parvienne de bonne heure et avec avantage à la carrière qu'on lui destine. Tous les moyens qui peuvent conduire à ce but sont employés sans trop de préoccupation des effets qu'ils auront sur le cœur ou sur le corps de l'enfant. Puis, si l'on découvre en lui un vice, on cherche à le corriger; mais on ne l'a pas prévenu en développant les bons sentiments qui l'auraient refoulé. De même, si l'on voit sa santé altérée, on interrompt ou l'on restreint les leçons; mais on n'a point assez travaillé d'avance à fortifier son corps. Oui, de nos jours c'est un travers presque général, et que personne ne s'avoue; on concentre les plus grands efforts, les plus ardents désirs, les plus constantes sollicitudes, sur un but unique, et ce but est l'instruction. Des leçons, et toujours des leçons! Chaque année voit accroître les programmes d'études. Aucun père, aucun instituteur ne veut se résoudre à laisser son élève en arrière des jeunes gens de son âge. C'est une véritable course au clocher.

Après le soin de l'instruction, on place celui de la santé :

on accorde chaque jour une heure ou deux de récréation, peut-être une leçon de gymnastique, et l'on croit avoir fait beaucoup. Cependant, l'enfant passe la plus grande partie de sa journée assis dans une salle close, le corps courbé sur des livres; sa poitrine y manque d'air, ses membres d'exercice; bien rarament ses muscles sont développés par un travail suffisant pour mettre en œuvre toute leur puissance. De là vient la faiblesse de corps qui caractérise en général nos classes lettrées. Et d'ailleurs, combien ne voit-on pas d'études interrompues par la perte de la santé, combien de carrières brisées parce que les forces physiques font défaut!

Enfin, ce n'est qu'après avoir pourvu à l'instruction et à la santé d'un enfant, qu'on s'occupe de sa moralité. En principe sans doute, on reconnaît bien l'importance suprême du développement du cœur, de même qu'on proclame une bonne santé plus précieuse encore qu'une vaste instruction. Mais ce n'est là qu'une vaine théorie avec laquelle la pratique n'est presque jamais d'accord. On semble croire que pour la moralité d'un enfant, il n'y ait rien à faire que des discours, et que pour combattre un vice il faille attendre les actes par lesquels il manifeste un empire déjà fortement établi. Bien plus, on ne craint pas d'exciter dans un jeune cœur des sentiments qui sont les germes mêmes du mal, en les prenant pour mobile des efforts dont on attend le succès des études. C'est ainsi que trop souvent on met en œuvre dès l'enfance l'orgueil, l'ambition, le respect humain, sans songer que par là on fortifie des dispositions contraires à la morale chrétienne.

L'instruction, la santé, la moralité; tel est donc l'ordre de subordination qui dans le fait préside généralement à l'œuvre de l'éducation. C'est l'ordre inverse que nous demanderons aux parents qui ne veulent pas sacrifier les plus précieux intérêts de leurs enfants ; nous leur dirons : la moralité avant tout, la santé ensuite, enfin l'intelligence dont le développement pour nous comprend l'instruction.

En plaçant en première ligne cette éducation du cœur, de laquelle peut dépendre notre bonheur éternel, nous serons compris de tous les hommes religieux. Mais au point de vue même de ceux qui auraient le malheur de considérer la vie terrestre comme le tout de l'homme, nous pourrions encore justifier la prééminence que nous réclamons en faveur du développement moral. L'éducation du cœur est nécessaire pour combattre les penchants vicieux ; et les vices faussent l'intelligence en même temps qu'ils énervent le corps. C'est le cœur qui règle la volonté, et la volonté règle la vie ; une vie bien réglée est nécessaire à notre propre bonheur, au bonheur de ceux qui nous entourent, à l'estime de nos semblables, et par conséquent à la réussite définitive de notre carrière terrestre.

On sera peut-être surpris de nous voir placer le développement du corps avant celui de l'intelligence. Et cependant, après la paix du cœur et la foi religieuse, est-il quelque chose de plus précieux, de plus indispensable que la santé ? Que les forces physiques viennent à faire défaut, et le travail, qui est aussi un élément de moralité, devient impossible, et les études sont interrompues, la carrière manquée, l'intelligence même compromise, car le corps aussi sert la pensée : *mens sana in corpore sano*. En vain citerait-on de brillantes exceptions : qui peut savoir ce qu'eût produit le génie de Pascal dans un corps robuste et sain ?

Nous avons montré qu'on doit considérer avant tout le développement du cœur, ensuite celui du corps, enfin celui de l'intelligence. On verra bientôt que l'éducation peut atteindre simultanément ces trois buts, et que l'instruction d'un enfant ne perdra rien, ni en solidité, ni en étendue, pour avoir repris la place subordonnée qui lui appartient.

#### IV. — TOUT PROGRÈS ACCOMPLI PAR L'ORGANISME DEVIENT CAUSE ET MOYEN D'UN PROGRÈS NOUVEAU.

C'est proprement à cette loi que l'être organisé doit sa vie et la continuité de son développement. Dans l'ordre physique, la matière assimilée devient organe, elle entre aussitôt en fonction, elle contribue à la vie de l'organisme et à une nouvelle assimilation de matière. Dans l'ordre intellectuel, chaque idée assimilée, chaque force acquise par les facultés, deviennent aussitôt des instruments par lesquels l'intelligence acquiert de nouvelles forces et des idées nouvelles. Dans l'ordre moral, toute vertu que le cœur s'approprie lui sert à acquérir une nouvelle vertu ; de même que tout vice qui le subjugue le dispose à la domination d'un vice nouveau.

Mais le progrès n'est pas seulement le moyen d'un progrès nouveau ; il en est aussi la cause effective, parce qu'il donne à l'homme non-seulement le pouvoir mais encore le désir de poursuivre le progrès commencé. Dieu, dans sa sagesse, a préparé toutes les conquêtes de l'humanité, en attachant le bonheur de l'homme à l'exercice de tous les pouvoirs dont il l'a doué.

Le bonheur que l'homme trouve à exercer ses pouvoirs physiques est sans doute peu digne de ce nom, mais il n'en est pas moins réel. Sans parler des plaisirs des sens qui jouent cependant leur rôle dans la vie de chacun de nous, nous avons la jouissance qui accompagne les travaux corporels, jouissance qui peut être indépendante de l'utilité de leurs résultats, et dont la privation forcée constitue souvent la peine la plus dure. Ce désir, ce besoin d'activité physique, se manifeste dès le berceau ; c'est à lui que l'enfant doit ses premiers progrès corporels ; c'est lui qui fournira à l'éducation les moyens d'en assurer la continuité ; c'est quelquefois parce qu'il n'a pas été fait une part assez large à ce besoin de l'enfance, que nos leçons ne lui inspirent que l'ennui et le dégoût.

L'homme trouve dans l'exercice de ses pouvoirs intellectuels un ordre de jouissances déjà plus relevé : l'usage et le perfectionnement de ses facultés, l'acquisition des connaissances, la découverte de la vérité, voilà pour lui des moyens de bonheur. Ce désir, ce besoin d'activité intellectuelle, se montre aussi dès le berceau : le petit enfant a soif de connaître, il veut expérimenter tout ce qui est nouveau pour lui, il veut découvrir tout ce qui lui est caché, et chaque découverte le rend heureux. C'est ainsi qu'il jouit de l'activité de son intelligence et de l'instruction qu'elle lui procure, tant qu'il en use en liberté, et par conséquent d'une manière conforme à la loi naturelle et organique de son développement.

Dans l'ordre intellectuel comme dans l'ordre physique, notre bonheur est donc attaché à l'activité de nos organes. Il y a deux cents ans que Comenius proclamait cette vérité en disant « *Implantatum quoque est homini sciendi desiderium, laborumque non tolerantia solum sed appetitum* (1). »

(1) Comenius, *Opera didactica omnia,* in-fol., Amsterdami, 1657.

En serait-il autrement dans l'ordre moral? Le bonheur vraiment digne de ce nom, celui qui vient du cœur, n'est-il pas encore un effet de l'activité des sentiments qui l'échauffent, qui l'ennoblissent, qui l'unissent à d'autres cœurs et qui l'élèvent jusqu'à Dieu? Sans cette vie des sentiments moraux, notre cœur éprouve un vide qui le trouble parce qu'il est contraire à sa nature, un vide d'amour, de paix et d'espérance, qui dessavoure pour nous les plaisirs du corps et de l'esprit. Pour que notre bonheur soit complet sur la terre, il faut que nos facultés morales déploient l'activité à laquelle elles sont destinées, il faut que notre vie soit animée par l'amour du prochain et par l'amour de Dieu, il faut que nous jouissions de cette paix du cœur qui surpasse tout, de cette paix que nous donne la conscience d'être entrés dans une voie de perfectionnement qui ne doit point finir, et de marcher à une destinée élevée, complète, éternelle, que rien ne saurait nous ravir. Cette félicité inhérente au développement moral se manifeste aussi dès le berceau, et le premier sourire de bonheur qu'on voit briller sur la physionomie de l'enfant, n'est que l'expression de la sympathie qu'éveille dans son cœur le sourire de sa mère.

Le bonheur de l'homme dès sa naissance est donc attaché essentiellement à l'exercice de ses facultés morales, puis aussi à celui de ses pouvoirs intellectuels et physiques. Mais cet exercice constitue précisément l'œuvre de l'éducation ; ainsi, tout ce que celle-ci fera pour le véritable développement des enfants, contribuera immédiatement à les rendre heureux. Méfiez-vous donc de toute leçon qu'accompagnent habituellement la tristesse et l'ennui ; et soyez sûr que là où il n'y a rien pour le bonheur actuel de l'enfant, il n'y a rien non plus pour son développement, et par conséquent rien pour son bonheur futur.

Mais pourquoi donc nos moyens ordinaires d'éducation rendent-ils si souvent nos enfants malheureux, et que faut-il faire pour qu'il n'en soit plus ainsi? Nous pourrons résoudre ces questions en examinant l'article suivant de la loi de l'organisme.

### V. — CES PROGRÈS FORMENT UN ENCHAINEMENT CONTINU, DONT LES DEGRÉS SONT INSENSIBLES, ET QUI NE COMPORTE NI SAUT NI LACUNE.

Notre organisme physique ne s'accroît que par une assimilation moléculaire dont les éléments sont imperceptibles pour nous; et c'est une suite de progrès insensibles mais continus qui changent le corps du nouveau-né en celui d'un homme fait. Il n'en est pas autrement de l'évolution de notre organisme intellectuel et de notre organisme moral : c'est par une série continue de progrès insensibles que notre esprit et notre cœur acquièrent peu à peu tout leur développement. *Nihil fit per saltus.*

Nos facultés ne peuvent s'approprier que ce qui est dans la sphère de leur pouvoir actuel; cette sphère s'étend à chaque acquisition nouvelle; et c'est ainsi que chacun de nos progrès nous donne à la fois le pouvoir et le désir de réaliser le progrès suivant. Pour que l'éducation trouve toujours le concours de la volonté et de l'activité de son élève, pour qu'elle lui fasse atteindre le but qu'elle lui propose, pour qu'elle le rende heureux, il faut d'abord qu'elle prenne pour point de départ l'état actuel de ses forces et de son développement, il faut ensuite qu'elle observe une gradation constante, un enchaînement continu, dans la série des progrès qu'elle veut lui faire réaliser. Le point de départ, la gradation, l'enchaînement, voilà donc les conditions nécessaires de l'éducation du cœur et de l'esprit comme de celle du corps.

Ces conditions sont assez généralement observées pour ce qui intéresse le développement physique, aussi pouvons-nous nous dispenser d'en parler ici.

Mais il en est autrement de ce qui regarde le travail de l'intelligence. On oublie que toute instruction doit être fondée sur des idées intuitives, fournies par l'intuition des sens pour ce qui concerne le monde matériel, et par l'intuition de l'âme pour ce qui concerne le monde moral. On ne descend point jusqu'aux éléments premiers des connaissances qu'on veut enseigner, ni jusqu'aux pouvoirs actuels de l'enfant qu'on veut instruire. On fait raisonner celui-ci sur des mots qui n'ont pour lui aucun sens précis, on lui fait comparer et généraliser des idées qu'il ne possède point encore. En un mot, on semble ignorer que, pour le conduire quelque part, il faut l'aller prendre où il est; on ne commence pas par le commencement; on méconnaît le point de départ indispensable à un succès complet.

Le véritable point de départ n'est pas dans les livres, il est dans la nature; il n'est pas dans les mots, il est dans les choses; il n'est pas dans les discours du maître, il est dans l'expérience personnelle de l'enfant; il n'est pas dans ce qui le laisse distrait, il est dans ce qui attire son attention; il n'est pas dans ce qui lui est indifférent, il est dans ce qui l'intéresse; il n'est pas dans ce qui l'ennuie, il est dans ce qui lui fait plaisir.

Après avoir trouvé le point de départ des exercices, il

faut observer leur gradation, leur enchaînement; et c'est encore là une condition de succès qui bien souvent manque aux études de l'enfance : nos facultés acquièrent peu à peu, par leur exercice et par leur perfectionnement, le pouvoir de passer rapidement et sans s'y arrêter plusieurs degrés de cette échelle des progrès, dont chaque échelon est un point d'arrêt nécessaire pour un esprit moins cultivé. Comme nous ne remarquons plus ces degrés intermédiaires, nous oublions leur existence, et nous les supprimons sans le savoir dans le travail intellectuel de nos enfants; c'est alors que nos leçons n'excitent chez ceux-ci aucune activité, ne leur causent aucun plaisir, ne leur font réaliser aucun progrès.

Pestalozzi avait surtout travaillé à rétablir cet enchaînement des idées dans l'enseignement primaire, et il y avait admirablement réussi pour les éléments des mathématiques; nous nous sommes efforcé de compléter son œuvre en appliquant la loi de l'organisme aux autres branches de l'enseignement, et particulièrement à l'étude du langage, la plus importante à nos yeux pour le succès de l'éducation.

Mais la place nous manque ici pour exposer la marche d'un enseignement élémentaire, fidèle à cette loi de l'enchaînement des idées, et nous devons nous borner à quelques indications : nous avions à chercher pour les premières études un ordre tel, que l'élève pût en général, par ses propres forces, passer d'une notion à la notion suivante, et s'élever ainsi du connu à l'inconnu. Pour découvrir cet ordre, nous avons étudié celui dans lequel se manifestent les goûts, les aptitudes, les pouvoirs intellectuels de l'enfant; puis à cette étude tout expérimentale, nous avons joint l'étude historique de l'ordre dans lequel se sont succédé les progrès du savoir de l'humanité ; les résultats de ces deux ordres d'investigation se sont complétés , se sont corroborés mutuellement ; car l'enchaînement des idées est, dans la vie du genre humain, comme dans celle de l'individu , la condition nécessaire des progrès et des conquêtes de l'intelligence. C'est ainsi que nous avons reconnu l'ordre dans lequel l'enfant doit aborder successivement les diverses branches d'étude , puis l'ordre qui doit présider aux divers exercices pour chacune d'elles , de manière à procéder toujours du simple au composé , du concret à l'abstrait, du particulier au général, de l'individu à l'espèce , de l'exemple à la règle, et de l'observation à la description ou à la définition.

La fidèle observation du point de départ et de l'enchaînement dans les études de l'enfance, a d'importants avantages pour l'éducation tout entière : en maintenant l'activité des facultés, elle assure leur développement ; elle donne à l'enfant un savoir qui est bien à lui et qu'il ne perdra point, parce qu'il sera mis en œuvre par ces mêmes forces qui l'ont conquis, et qui ne cessent pas de s'exercer ; en même temps elle le dispose à aimer et les études et les maîtres qui le font jouir de ces conquêtes. Elle fait de chaque heure de leçon une heure de travail réel pour l'intelligence de l'élève , elle lui épargne ainsi avec beaucoup d'ennui une grande perte de temps, et sans rien sacrifier de son instruction elle lui permet d'employer une partie de sa journée aux exercices corporels nécessaires pour assurer sa force et sa santé. Enfin, en restituant au travail de l'intelligence l'attrait qui lui appartient naturellement, elle rend superflu nos dangereux moyens d'excitation , tels que la crainte, l'orgueil, l'ambition, et elle laisse à l'éducation morale le champ libre, pour développer dans le cœur des élèves les sentiments chrétiens d'amour, d'humilité et de désintéressement.

L'importance du point de départ et de l'enchaînement est méconnue pour l'éducation morale plus encore que pour l'éducation intellectuelle : on oublie que le développement du cœur a pour base l'intuition morale qui seule donne à l'enfant l'expérience personnelle des sentiments d'amour, de reconnaissance, de confiance ; on se borne à lui parler de ces vertus, au lieu de lui fournir l'occasion de les éprouver ; puis on veut les mettre en œuvre quand elles n'existent point encore dans son âme, du moins avec le degré d'énergie nécessaire à la manifestation qu'on en attend. Cependant les actes de l'enfant n'ont aucune valeur pour son développement moral, s'ils ne sont un effet libre et spontané de ses propres sentiments ; et l'on ne doit demander à ceux-ci, même indirectement, que des manifestations proportionnées à leur force actuelle. Eh bien ! souvent on veut obtenir beaucoup plus, entraîné par le désir de réaliser promptement le type qu'on s'était proposé, par l'espoir si souvent chimérique de trouver dans le cœur d'un enfant ou d'en faire surgir tout à coup des vertus toutes formées, par cette erreur enfin qui consiste à croire qu'il faut demander le plus pour avoir le moins. Lorsque, par suite de cet entraînement, on excite l'enfant à des actes que son cœur ne lui inspire point, il arrive de deux choses l'une : ou bien il résiste à toutes les excitations, il se raidit contre les sentiments au nom desquels on lui demande des sacrifices pénibles, et son cœur s'endurcit au lieu de se laisser pénétrer par de tendres affections; ou bien l'enfant fait, soit par contrainte, soit par respect humain, ce qu'il ne voudrait pas faire, et il entre dans cette funeste voie d'hypocrisie qui est la mort du cœur.

Mais qu'on profite d'abord de chaque occasion pour donner au petit enfant l'intuition des sentiments moraux, qu'on exerce ensuite ces sentiments selon les circonstances, mais graduellement et toujours dans la mesure de leur force, et on les verra s'accroître et se fortifier par chacun des actes qu'ils auront inspirés, en même temps que les penchants égoïstes refoulés par eux, resteront affaiblis de leur défaite. C'est ainsi que l'observation du point de départ et de l'enchaînement des exercices est une condition de succès pour le développement du cœur, comme pour celui de l'intelligence et pour celui du corps.

VI. — LE DÉVELOPPEMENT DE L'ORGANISME N'A PAS DE TEMPS D'ARRÊT ABSOLU; QUAND IL N'Y A PAS PROGRÈS, IL Y A DÉCHÉANCE.

On peut concevoir, dans la vie de l'être organisé, un moment où ses acquisitions balancent exactement ses pertes; mais la possibilité de cette exception ne détruit point la règle que nous venons d'énoncer, règle qui se démontre *à priori* comme une conséquence des conditions même de la vie organique, et qui se justifie constamment par l'observation des faits.

L'homme physique ne reste point ce qu'il est : il se renouvelle sans cesse par une assimilation qui non-seulement répare ses pertes, mais encore augmente ses forces, jusqu'à l'instant où commence le déclin de ses organes. Sous ce rapport, l'éducation ne peut pas se faire illusion ; elle sait bien qu'elle ne doue pas le corps du jeune homme de toutes les forces, de toutes les aptitudes, dont il aura besoin dans la carrière qui l'attend ; elle compte pour les lui donner sur cette carrière elle-même, sur l'apprentissage corporel qui sera la conséquence de sa vie active, et qui, s'il développe heureusement certains organes, en laisse souvent affaiblir d'autres dans l'inaction.

L'homme intellectuel ne reste pas davantage ce qu'il est : il se renouvelle sans cesse par une assimilation d'idées qui augmente à la fois son instruction et le pouvoir de ses facultés ; mais aussi il est exposé à perdre peu à peu ses idées restées sans emploi. L'intelligence a donc besoin de l'activité de ses organes, non-seulement pour rester en progrès, mais encore pour ne pas décliner. L'éducation semble méconnaître cette vérité lorsqu'elle se croit appelée à donner à l'homme pendant les années de sa jeunesse toute l'instruction, tous les pouvoirs intellectuels dont il pourra avoir besoin dans le cours de sa vie.

Celui qui s'efforce de faire acquérir à l'enfant des connaissances dont il ne doit faire usage que beaucoup plus tard, et qui jusque-là ne seront jamais liées à son activité intellectuelle, les considère comme des pierres d'attente destinées à supporter un jour une voûte ; mais l'organisme ne connaît pas les pierres d'attente ; il n'admet que ce qui participe à sa vie, il rejette tout le reste ; et sans cette vie inséparable de l'usage, la force diminue, l'idée s'efface, le savoir se perd. Il est d'ailleurs impossible de prévoir les connaissances spéciales dont un homme aura besoin, et de les lui donner avec la précision nécessaire pour qu'elles soient applicables ; les écoles professionnelles ont seules une semblable mission , encore ne peuvent-elles la remplir que dans une mesure très-restreinte.

La prétention chimérique que nous combattons a souvent eu de déplorables effets pour les études de l'enfance ; elle en a surchargé le programme de manière à compromettre à la fois le développement des facultées intellectuelles, la solidité de l'instruction acquise, et la santé des élèves.

Ce que nous demanderons surtout à l'enseignement élémentaire, c'est d'exercer l'esprit de l'enfant, afin d'augmenter les divers pouvoirs qui le constituent, et de perfectionner ainsi des instruments que l'homme doit avoir toujours à sa disposition pour savoir observer, apprendre et agir.

Les connaissances positives sont sans doute indispensables, même pour le premier-âge ; mais elles le sont surtout comme moyens d'en acquérir d'autres. « L'essentiel, » disait Pestalozzi, « c'est que mes élèves apprennent à apprendre. »

Le savoir qui doit être le partage de l'enfance résultera nécessairement de l'exercice des facultés, pourvu que les objets de cet exercice soient pris dans toutes les directions essentielles où l'esprit humain s'est avancé à la conquête de la science ; et c'est là ce qui lui donnera le caractère de généralité qui lui convient et qu'on devrait chercher à conserver jusqu'aux approches de la jeunesse.

Envisagées à ce point de vue, les études générales sont une gymnastique de l'intelligence , et c'est pourquoi elles rendent l'homme capable de toute instruction spéciale et par conséquent de toute carrière. Le langage est en quelque sorte le point central de ces études ; il n'est pas seulement l'expression de la pensée, il en est aussi le véhicule et l'organe, il est l'instrument nécessaire de son complet exercice; voilà ce qui fait des études classiques un moyen d'éducation que rien ne saurait remplacer, et dont l'emploi doit être continué pour chaque élève aussi longtemps que le permettent les exigences de sa position.

L'homme moral ne reste point ce qu'il est : il change, non-seulement parce que toujours il éprouve quelque influence des changements de l'homme physique et de l'homme intellectuel, mais aussi parce que les sentiments de la vie morale, s'ils ne se fortifient par l'exercice, s'affaiblissent dans l'inaction. Si nous pouvons en général compter sur le caractère d'un homme que nous avons connu, c'est que l'activité de ses sentiments, bons ou mauvais, devenue pour lui un goût, une habitude, un besoin, se présente à nous comme un gage ordinairement suffisant de leur durée et même de leurs progrès. Ce n'est point sur un état stationnaire que nous comptons alors, c'est sur la direction dans laquelle se développe la vie morale : chaque jour le cœur se perfectionne si ce sont les bons sentiments, chaque jour il se corrompt si ce sont les mauvais qui dominent en nous comme mobiles de la volonté. Et il faut ordinairement l'intervention de circonstances exceptionnelles pour opérer sur le développement moral de l'homme quelqu'une de ces révolutions soudaines et étonnantes, qui parfois en change la direction.

La vie morale de l'enfance ne saurait être celle de la jeunesse ou de l'âge mûr : les idées, les sentiments, les passions, les devoirs, la vie intime et la vie sociale, tout change avec les années; et la moralité d'un enfant, quelle que soit son importance pour le présent et pour l'avenir,

n'est point toujours une garantie complète de sa moralité
future.

L'éducation ne doit donc pas se borner à établir dans la
vie de l'enfance la moralité de fait, car celle-ci pourrait
disparaître plus tard avec les circonstances particulières
auxquelles elle était appropriée. Elle doit encore et surtout
mettre en œuvre et développer dans le cœur de l'enfant les
forces morales, qui pour toute sa vie le soutiendront contre
la tentation, l'affermiront dans le devoir, lui feront préfé-
rer le bien au mal ; et ces forces, elle doit s'appliquer à
les exercer, de manière que leur activité devienne pour lui
une habitude, un besoin, une condition de bonheur.

Mais quelles sont ces forces qui, à tout âge et dans toute
condition, peuvent pousser l'homme à l'accomplissement du
devoir, comme à son bien suprême? Ce sont l'amour, la
reconnaissance, la foi, la justice, en un mot les facultés
morales, ces traces de l'image de Dieu dans l'âme humaine;
l'éducation doit les exercer dès la première enfance; elle
doit imprimer à leur activité, à leurs progrès, un élan qui
ne s'arrête plus; elle doit leur donner un but plus élevé, un
fondement plus solide, que les intérêts passagers de cette
vie; elle doit, par la divine influence de l'Évangile, en
faire des vertus religieuses, des vertus chrétiennes.


Nous venons de montrer comment la loi de l'organisme
fournit à la science de l'éducation ses principes généraux
les plus importants. L'application pratique de ces principes
constitue la très-grande partie de l'ouvrage que nous
annonçons, et nous ne saurions ici l'exposer clairement

c.

sans excéder de beaucoup l'étendue d'un mémoire; dès qu'on aborde la pratique, on ne peut guère négliger les détails.

Mais avant de terminer, nous désirons appeler l'attention de l'Académie sur les conséquences que nous paraît avoir, pour l'étude des sciences morales en général, l'existence d'un organisme qui comprend l'homme intellectuel et l'homme moral, aussi bien que l'homme physique.

L'organisme, qui régit la nature humaine, doit régir également l'œuvre de l'homme, chaque fois qu'elle n'est qu'un produit naturel, universel, et en quelque sorte nécessaire de l'activité de ses pouvoirs. Aussi le retrouverons-nous dans le langage, dans la société et dans l'histoire.

Nous avons vu que l'intelligence humaine est un tout organisé; il en est de même de tout produit naturel de cette intelligence, ainsi la pensée aussi est organisée : elle a ses organes principaux représentés par les membres de la proposition simple; ces organes ont chacun leur fonction propre; ils sont unis par des rapports correspondant à ces fonctions; ces rapports sont représentés dans la proposition, soit par des mots particuliers, soit par les terminaisons, soit par la place qu'occupe le mot dans la phrase. Quand la pensée se complique, se développe, des organes secondaires viennent se joindre aux organes principaux comme les rameaux poussent sur les branches, et l'expression de la pensée devient une proposition composée. Puis le langage et la pensée s'étendent et se développent tous deux de plus en plus, sans cesser jamais de se correspondre fidèlement dans chacun de leurs éléments. Ainsi le langage est organisé comme la pensée; il n'est point une invention, il est une fonction naturelle de l'être pensant.

L'enfant apprend à parler par le développement de sa pensée joint à l'intuition du langage qui se parle autour de lui. Il n'analyse ni sa pensée ni son langage, il n'aperçoit pas leurs éléments ; et cependant il possède un sentiment juste de la valeur de chacune des formes qu'il emploie, puisqu'il sait les employer à propos.

Mais après avoir longtemps fait usage de cette connaissance tout expérimentale, il a besoin pour la suite de ses études de remarquer, de formuler ces règles de la langue qu'il a si souvent observées comme par instinct ; il faut qu'il apprenne la grammaire.

La grammaire n'est que la connaissance des lois de la langue, et ces lois sont celles d'un organisme qui représente l'organisme de la pensée. Le vrai point de départ est donc dans la grammaire générale qu'il ne faut pas confondre avec la grammaire comparée.

La grammaire générale est l'étude de l'organisme de la pensée, considéré dans ses rapports avec les formes par lesquelles notre langue maternelle nous a déjà appris à l'exprimer. Cette étude nous fait connaître les éléments nécessaires de toute langue, c'est-à-dire, les organes et les rapports qui doivent nécessairement se trouver dans le langage, parce qu'ils sont dans la pensée ; en même temps elle nous montre claire-ment le rôle que joue dans le discours chacune des formes par lesquelles, sans nous en rendre compte, nous avions déjà l'habitude d'exprimer ces organes et ces rapports.

La grammaire particulière d'une langue est l'étude des formes spéciales par lesquelles cette langue représente les éléments nécessaires de tout langage, tels que la grammaire générale nous les a fait connaître.

La grammaire comparée n'est qu'un parallèle **entre les** formes diverses par lesquelles les diverses langues représentent les éléments organiques de la pensée.

Enseignée à ce point de vue, la grammaire devient attrayante et éminemment propre au développement de l'intelligence; l'enfant il est vrai ne peut l'aborder qu'après quelques années d'exercices d'intuition et de langage; lorsque son esprit s'est enrichi par de nombreuses observations, lorsque ses facultés se sont fortifiées par une activité habituelle; mais aussi cette étude de *la grammaire organique* le rend promptement capable d'apprendre avec plaisir et en peu d'années les langues étrangères et les langues mortes, et de les apprendre solidement.

La société est, comme le langage, un produit naturel de l'intelligence de l'homme, et particulièrement de cet instinct de sociabilité qui est inhérent à sa nature; c'est pourquoi elle est aussi régie par la loi de l'organisme. La famille, cette société élémentaire qui est à la base de toute société, n'existerait pas sans l'organisme qui donne à chacun de ses membres son rôle particulier, son influence et sa dépendance. Cette même répartition des fonctions, ce même concours des forces, cette même dépendance mutuelle des individus, existent dans la tribu la plus sauvage, comme dans le peuple le plus civilisé.

Cette loi organique des sociétés n'est autre chose que le principe d'ordre, la condition de prospérité, que toujours et partout on s'est efforcé de réaliser dans la politique, dans les lois et dans l'administration. Mais elle réside dans la nature humaine bien plus que dans les institutions; et si elle se manifeste dans celles-ci, c'est qu'elles sont l'ouvrage de l'homme.

L'organisme politique est éminemment variable et im-
parfait ; il n'est qu'une invention plus ou moins arbitraire,
plus ou moins bien appropriée aux besoins particuliers de
temps ou de lieu qu'elle est appelée à satisfaire. Sa perfec-
tion consisterait dans sa conformité avec cet organisme social naturel, qu'il ne constitue pas, avec lequel il doit se
fondre, et qui comprend les organismes des associations
particulières, des familles et des individus.

L'œuvre des institutions politiques consiste essentiellement à protéger dans les individus les éléments organiques
de toute sociabilité perfectionnée : la liberté, la sécurité, le
travail, la propriété. Ces éléments suffisent pour faire des
merveilles.

Transportez-vous dans une rue populeuse de Paris, au
milieu de cette foule affairée qui se croise dans tous les
sens ; l'un nettoie, l'autre transporte des denrées ou des
matériaux, celui-ci sort d'un atelier, celui-là entre dans une
bibliothèque ; chacun est à sa propre affaire, et cependant
chacun travaille pour les autres. Sortez ensuite de la capi-
tale, et voyez les bateaux qui sillonnent la rivière, les voi-
tures qui parcourent les routes, les trains qui volent sur les
voies ferrées ; ce sont des approvisionnements destinés à un
million d'hommes qui n'y pensent point. Ainsi, chacun de
ces travailleurs qui, guidés par leur propre intérêt, déploient
tant d'activité, n'est qu'un organe imperceptible de ce corps
social qui ne vit et ne prospère que par le concours de tous.
Mais aussi, dans cette grande ville, il n'y a pas une denrée
qui n'arrive fraîche, à point nommé, et en quantité suffisante pour tant de consommateurs divers, pas une famille
qui ne trouve chaque matin à sa portée les choses dont elle

a besoin, pas un jour où tout ne soit prêt pour satisfaire les goûts ou les caprices les plus variés.

De pareils résultats dénoteraient une sagesse, une sagacité et une prévoyance miraculeuses dans l'homme qui dirigerait ce concours et cette combinaison d'efforts ; mais ce n'est point ici l'œuvre d'une seule volonté et d'une seule intelligence ; c'est une œuvre collective, non-seulement dans son exécution matérielle, mais encore dans les mobiles et les calculs qui l'enfantent. Ici l'action de la police joue sans doute un rôle nécessaire ; mais ce rôle se borne à écarter les éléments de trouble pour laisser aux autres leur libre activité ; l'administration publique peut bien protéger le travail, elle peut lui fournir des moyens de puissance, des conditions d'ordre et de sécurité ; elle ne peut ni le susciter, ni le répartir, ni le coordonner.

Cette œuvre immense et compliquée, qui fait concourir les forces de tous à la satisfaction des besoins de chacun, est un effet de la vie organique de la société humaine ; ce n'est autre chose que cette vie se manifestant dans l'ordre des intérêts matériels, c'est-à-dire par un organisme économique.

L'organisme économique n'est point borné à une seule ville ou à une seule nation ; il embrasse les peuples les plus divers, il s'étend aux contrées les plus lointaines, et chaque année il fera quelque nouvelle conquête jusqu'à ce qu'il ait soumis à son empire toute l'étendue du monde habitable.

L'économie politique est la science des lois de cet organisme ; c'est à ce point de vue qu'elle devrait être enseignée pour être à la portée des élèves de nos écoles secondaires et pour cesser enfin de rester ignorée de la plupart des hommes qui devraient la connaître. On se placerait par la pensée au début de toute société et de toute formation de richesse, on y apercevrait d'abord cet organisme économique sous sa forme la plus simple et avec le petit nombre de ses organes indispensables ; puis on verrait peu à peu d'autres organes venir se joindre aux premiers et compliquer la vie qui résulte de leur action ; on assisterait ainsi à la naissance de l'épargne, du capital, de l'échange, de la monnaie, du crédit ; après quoi les lois qui régissent les faits économiques si compliqués de notre siècle, se présenteraient à l'esprit des élèves avec une évidence irrésistible.

De même que nous avons reconnu l'organisme dans l'homme et dans la société, de même nous le retrouverons dans la succession des hommes et des sociétés, c'est-à-dire dans l'histoire, qui n'est que le développement de l'humanité, comme l'éducation est le développement de l'individu.

Chaque homme vient au monde avec cette incapacité de corps, d'esprit et de cœur, qui est le point de départ de toute éducation ; mais les conditions de son développement sont bien différentes selon l'état de la société dans laquelle il est né. C'est aux personnes qui l'entourent qu'il doit les soins qui fortifient son corps, le langage qui forme son intelligence, les intuitions morales qui ennoblissent son cœur. Et si son développement ne peut être que l'œuvre des propres forces que Dieu lui a données, c'est une œuvre d'assimilation par laquelle il s'approprie le développement de la société dans laquelle il vit.

La société à son tour profite des travaux, des progrès, des découvertes de chacun de ses membres, s'approprie en quelque sorte le développement de chaque individu, et conserve ainsi l'œuvre de chaque génération pour la transmettre à la génération suivante.

Mais chaque progrès ne vient point uniquement se joindre par addition au domaine de l'humanité ; il y entre comme facteur parce qu'il y est une cause de progrès nouveaux. C'est ainsi que chaque nouvelle idée, chaque nouvelle découverte, devient un élément actif, un organe du grand travail de l'humanité, et en multiplie la puissance.

Le développement de l'humanité à travers les siècles résulte donc de l'action combinée de tous les développements individuels ; et ceux-ci y jouent le même rôle que les organes dans la vie d'un corps organisé.

C'est pourquoi l'histoire n'est point seulement une succession de faits, mais une vie de l'espèce humaine avec ses phases diverses, avec ses progrès tellement liés dans leur enchaînement, que chacun d'eux peut être considéré à la fois comme la conséquence de ceux qui le précèdent et comme la cause de ceux qui le suivent ; c'est pourquoi en histoire l'ordre chronologique est en même temps l'ordre logique et l'ordre génétique ; c'est pourquoi enfin cette vie de l'humanité est soumise à la loi de l'organisme comme toute vie que nous connaissons.

Baron ROGER DE GUIMPS.

ORLÉANS. — IMP. COLAS-GARDIN.